탄소배출권
선물시장 투자전략

탄소배출권
선물시장
투자전략

김태선 지음

두드림미디어

국내 탄소배출권 시장이 개장한 이후 탄소배출권(KAU)의 연간 변동성은 46.5%에 달하고 있다. 이는 종합주가지수(KOSPI)의 연간 변동성(16.7%)보다 무려 2.8배 높은 수치다. 탄소배출권 연간 변동성이 높은 이유는 수급 불균형에 기인한다. 코로나19 이전에는 배출권 부족에 따른 매수우위가 강세장을 견인한 반면, 코로나19 이후에는 배출권 잉여로 매도우위의 약세장을 연출했다.

2024년 2월 말 현재, 탄소배출권 시장참여자 중 할당대상업체는 846곳이 참여하고 있고, 제3자 중 시장조성자로 지정된 금융기관 8곳(증권사 6곳, 은행 2곳), 자기매매 증권사 21곳, 외부감축사업자 14곳이 참여하고 있다. 개장 이후 탄소배출권은 현물거래 중심으로 운영됨에 따라 시장참여자들은 100% 리스크에 노출된 상태에서 매매 및 제도 대응을 하고 있다.

계획기간을 거치면서 유상 할당대상 업종을 중심으로 유상 비중을 높이고 있다. 제2차 계획기간에는 3%, 제3차 계획기간에는 10%, 제4차 계획기간(2026년~2030년)에는 발전 부문의 유상할당 비율을 대폭 상향하고, 발전 이외 부문은 업계 경쟁력, 감축기술 정도 등을 고려해 상향 수준을 조정할 계획이다.

이와 같은 유상할당 증가는 위험관리의 필요성과 직결되는 대목이다. 배출권이 부족한 업체는 가격상승 및 배출권 확보 리스크에 노출되고, 반대로 배출권이 잉여인 업체는 가격하락 및 배출권 처분 리스크에 노출된다.

탄소배출권 선물거래는 현물거래와 반대되는 포지션을 구축해, 손익을 고정시키는 헤징 기능을 제공한다. 선물거래를 이용한 헤징 전략은 탄소배출권 자산-부채관리, 유연성 메커니즘, 유상 경매시장, 시장 안정화조치(MSR), 자발적 탄소크레딧 시장에서 활용될 수 있다.

국내 탄소배출권 선물시장이 성공적으로 상장되기 위해서는 다음과 같은 전제조건이 반드시 필요하다. 첫째, 기초자산의 표준화, 둘째 높은 시장 변동성, 셋째, 현물시장의 풍부한 유동성을 꼽을 수 있다. 따라서 선물시장 개장에 앞서 이들 요인이 지속적으로 담보될 수 있는지에 대한 객관적인 분석과 평가가 이루어져야 한다.

본서의 구성은 파생상품 시장 개요, 반드시 알아야 할 핵심 용어, 탄소배출권 시장 기본적 분석, 탄소배출권 시장 기술적 분석, 탄소배출권 현물이론가격 결정요인, 탄소배출권 선물이론가격 결정요인, 최적 헤징 대응전략 수립, 탄소배출권 선물시장 투자전략, 탄소배출권 상장지수펀드(ETF), 유럽 탄소배출권 시장 운영 경험을 소개하고 있다.

국내 탄소배출권거래제도가 글로벌 스탠더드에 부합하기 위해서는 매우 다양한 파생상품 거래가 가능해야 한다. 특히 선물거래의 확장성과 유연성은 금융상품 개발과 금융거래를 촉진시킨다. 부족하나마 본서가 국내 탄소금융이 한 단계 도약하는 데 있어 초석이 되길 바란다.

김태선

CONTENTS

PART 1

파생상품
시장 개요

PART 1
파생상품 시장 개요

파생상품이란 특정 자산의 가격에 연동되어 움직이는 상품으로 정의된다. 파생상품 종류에는 선도, 선물, 옵션, 스왑 등이 있고 이들 상품은 통화, 금리, 주가지수, 상품, 신용 등을 기초자산으로 해서 파생상품이 만들어진다.

파생상품이 거래되는 유형에 따라 장내 파생상품과 장외 파생상품 시장으로 나누어진다. 장내 파생상품 시장으로는 선물시장, 옵션시장을 꼽을 수 있다. 장외 파생상품 시장으로는 선도시장과 스왑시장이 대표적인 시장이다.

현물거래(Spot Transaction)는 계약 체결과 동시에 인수도 결제가 동시에 일어나는 거래인 반면 파생상품 중 선물거래는 계약 체결 이후 미래 만기시점에 인수도 결제가 일어난다. 결국, 현물거래는 일반적으로 당일 결제인 반면에 파생상품은 만기시점에서 결제가 이루어진다.

또한 현물거래는 기초자산을 저가 매입 후 고가 매도의 일방향 손익구조를 보인다. 반면에 선물거래(Futures Transaction)는 기초자산의 가격상승이 예상할 경우 매입포지션을, 기초자산의 가격하락이 예상될 경우 매도포지션으로 양방향에서 손익이 발생한다. 본 장에서 파생상품 시장 정의, 거래유형, 상장요건, 경제적 기능을 살펴본다.

파생상품 시장

1. 선물시장

거래소에서 거래되는 장내 거래상품인 통화, 금리, 주가지수, 에너지 등을 대상으로 표준화된 계약조건으로 매매계약 체결 후, 일정기간이 경과한 뒤에 미리 결정된 가격에 의해 그 상품의 인도와 결제가 이루어지는 거래를 말한다. 선물거래는 표준화된 특정 거래소에서 이루어진다.

선물가격 결정은 이론적으로 특정 시점의 선물가격은 기초자산을 매입해 만기까지 보유할 경우 발생하는 비용의 합계다. 기초자산 가격에 이자와 보관비용을 감안해 산정한다. 즉, 보유비용모형(Cost-of-Carry Model)에 의한 선물가격은 현물가격과 보유비용의 합으로 결정된다.

선물거래는 공신력 있는 거래소에서 정형화된 상품과 증거금, 일일정산 등의 안정적인 제도가 뒷받침되는 가운데 이루어지는 장내 거래다. 유럽 탄소배출권 시장의 경우 선물거래가 가장 큰 비중(88%)을 차지하고 있으며, 모두 장내 시장을 통해 거래가 이루어지고 있다.

구분	선물거래	선도거래
계약상대방	거래소 거래이행보증 확실	거래상대방 거래이행보증은 상대방 신용도에 좌우
거래조건	표준화	쌍방간 합의로 가변적으로 결정
거래시간	거래소 거래시간 이내	24시간 거래 가능
중도청산	반대거래로 항상 가능 만기 인도는 전체거래의 5% 미만	상대방 합의 전에는 만기 인도 결제
가격결정	경쟁호가 방식	쌍방간 협상
Bid-Offer Spread	대부분 1Tick	선물보다 5~10배
수수료	왕복수수료를 포지션 종결 시 징수	Bid-Offer Spread에 포함
증거금	증거금 예치 필수	증거금 예치 없음

출처 : NAMU EnR 금융공학 & 리서치센터, KRX

2. 옵션시장

옵션시장은 특정 자산을 특정 시점 또는 특정 기간 내에 특정가격으로 살 수 있거나 팔 수 있는 권리를 거래하는 것이다. 콜옵션은 거래대상 자산을 행사가격에 살 수 있는 권리를 매매하는 반면, 풋옵션은 거래대상 자산을 행사가격에 팔 수 있는 권리를 매매한다.

옵션 매입은 권리를 갖게 되며 옵션 매도는 옵션을 매입한 사람이 권리를 행사할 때 계약조건을 이행하는 의무를 지게 된다. 옵션의 가격(프리미엄)은 기초자산 가격, 행사가격, 만기까지의 잔존기간, 이자율 및 기초자산 가격의 변동성에 의해 결정된다.

옵션의 가격은 내재가치와 시간가치로 구성된다. 기초자산의 현재가격과 행사가격과의 차이가 내재가치를 결정하게 되며 나머지 변수인 변동성에 의해 시간가치가 결정된다. 변동성이 클수록 콜옵션과 풋옵션의 가격은 높아진다.

3. 스왑시장

스왑거래란 양 당사자 간 일정기간 실물 또는 현금흐름을 교환하는 파생상품으로 현재 시점에서 미래의 현금흐름을 확정한다는 점에서 다른 파생상품과 유사하다. 스왑거래의 현금흐름은 만기시점에 현금흐름이 한번 발생하는 파생상품과 달리, 만기 전에도 약정조건에 따라 현금흐름이 발생한다. 가장 일반적인 스왑거래로는 변동가격과 고정가격 간의 교환으로 정의된다.

경제적 관점에서 유입 현금흐름의 현재가치와 유출 현금흐름의 현재가치가 원칙적으로 같아야 한다. 스왑은 여러 선도거래를 하나의 집합으로 만들어 거래하는 상품으로 스왑 프라이싱은 선도거래의 프라이싱과 밀접한 관계가 있다.

스왑 프라이싱의 원칙 중 하나는 현금흐름을 구하고 그 현금흐름이 발생하는 시점의 할인계수를 계산해 그 현금흐름의 현가(**현금흐름** × **할인계수**)로 스왑가격을 구한다.

4. 레포시장

레포(Repo, Repurchase Agreement)는 매도 당사자가 매수 당사자에게 증권을 매도하고 매입대금을 받은 뒤 약속된 날짜가 되면 매도 당사자가 매수 당사자에게 다시 증권을 매입하고 환매가격을 지급하는 방식으로 거래가 이루어진다.

레포 매도자(자금 조달자)는 장기 보유자산을 활용해 신용거래인 콜거래보다 낮은 금리로 자금을 조달할 수 있어 수익을 극대화할 수 있다. 반대로 레포 매수자(자금 운용자)는 안전한 자금 운용이 가능하다는 장점이 있다.

[선물거래 특징]

선물거래는 같은 형태의 선도거래가 여러 상대방 사이에서 반복적, 경쟁적으로 이루어지는 가운데 형성된 것이므로 선도거래보다 거래조건이 표준화, 정형화되어 있다. 또한 계약이행을 거래소가 보증하기 때문에 각 거래자의 거래불이행(Default)을 방지하기 위한 장치가 필요하다. 이 장치로서 선물거래소에서는 거래이행보증금인 증거금(Margin)을 징수하고 있다. 증거금의 크기는 가격의 변동성, 거래량, 계약만기 등을 감안해 거래소가 결정한다.

선물거래에 앞서 선물거래대금의 일정액을 미리 증거금으로 예치해야 하며, 이 증거금은 체결가격과 결제가격(Settlement Price) 간의 차이에 따라 매일 변동한다.

- 선물가격하락 [매입자(Long Position) : 손실─증거금 감소]
  [매도자(Short Position) : 이익─증거금 증가]

- 선물가격상승 [매입자(Long Position) : 이익─증거금 증가]
  [매도자(Short Position) : 손실─증거금 감소]

증거금은 결제가격변동에 따라 변동되는데 이를 일일정산(Daily Mark-to-Market)이라 한다. 이러한 증거금의 일일정산은 선물계약의 만기가 되거나 중도에 반대매매에 의해 기존 포지션을 청산하기 전까지 계속된다.

선도거래에서는 상대방이 응하기 전에는 기존 포지션을 중도청산할 수 없는 데 반해, 선물거래에서는 거래자의 예상과 편의에 따라 반대거래를 통해 언제든지 기존 포지션에서 빠져나올 수 있다. 선물거래의 장점은 선도거래의 단점이 되고, 선물거래의 단점은 선도거래의 장점이 되는 식으로 선물거래와 선도거래는 각기 장단점을 서로 나누어 가지고 있다.

파생상품 거래유형

1. 헤징거래

　선물거래는 시장 유동성이 풍부하고 거래비용이 적게 들기 때문에 환율, 금리, 주가지수 등 금융자산, 부채의 가치변동 위험을 헤징할 수 있는 가장 효과적인 수단이다. 따라서 선물시장에 참여하고 있는 거래자들의 가장 주된 거래 동기가 바로 헤징이라 할 수 있다.

　선물시장에서 헤징거래란 현물 포트폴리오 보유 또는 보유 예정인 경우 현물에 대한 불확실한 가격 움직임에 대해 선물시장을 이용해 반대 포지션을 취함으로써 가격변동 위험을 축소시키거나 회피하는 거래로 전형적인 선물거래 기법이다.

　선물가격은 현물가격과 금융비용 등의 보유비용에 의해 결정됨에 따라 일반적으로 현물가격의 움직임과 동일한 방향성을 보인다. 이에 따라 현물포지션과 반대되는 선물포지션을 취하게 되면, 현물시장에서의 손실(또는 이익)이 선물시장에서의 이익(또는 손실)으로 어느 정도 상쇄된다. 헤징거래를 함으로써 현물가격 움직임 변동 폭이 베이시스 움직임으로 전환되어 가격 움직임에 대한 위험은 축소된다.

결국 헤징거래에 대한 위험은 베이시스 위험으로 전이된다. 헤징 종류로는 직접 헤징과 교차 헤징으로 분류되고 직접 헤징은 매도 헤징과 매입 헤징으로 구분된다. 직접 헤징은 보유하고 있는 현물에 대해 동일한 기초자산을 대상으로 한 선물거래를 의미하는 것으로, 선물가격이 현물가격에 의해 결정되는 만큼 가격 방향성과 변동성 등의 상관성이 매우 높다. 반면 교차 헤징은 현물과 다른 기초자산으로 한 선물거래로 직접 헤징보다 헤징 효율은 떨어진다.

매도 헤징은 현물시장에서 매입포지션을 취하고 있을 때 가격하락 위험에 노출됨에 따라 선물시장을 이용해 매도포지션을 취하는 헤징 형태로 매도 헤징으

[자료 1-2] 매도 헤징

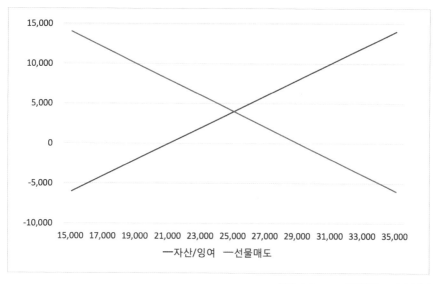

출처 : NAMU EnR 금융공학 & 리서치센터

로 가격하락을 회피하고자 선물시장을 이용하게 된다. 향후 가격하락이 전망될 경우 선물거래를 이용할 수 있다.

매입 헤징은 매도 헤징과 반대되는 개념의 헤지로 가격상승 위험에 노출되어 있을 때 현물에 대한 가격상승 위험을 선물거래의 매입 헤징을 통해 상쇄시키는 전략이다. 향후 가격상승에 따른 위험을 방지하고 체결 시점에서 수익을 확보하기 위한 전략이기도 하다.

[자료 1-3] 매입 헤지

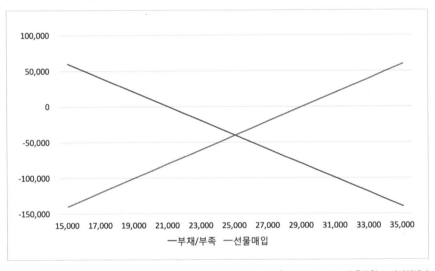

출처 : NAMU EnR 금융공학 & 리서치센터

교차 헤지는 직접 헤지와 달리 헤징하려고 하는 현물에 대해서 선물시장이 존재하지 않을 때 헤징할 현물과 유사한 가격패턴을 보이는 선물시장을 이용해 간접적으로 헤징하는 기법이다.

이는 교차 헤징 시 가격 방향성과 변동성 등의 상관성이 낮을 경우에는 헤징

효과를 기대하기가 어렵다. 따라서 교차 헤징 전에 반드시 현물가격과 선물가격에 대한 상관계수 등 가격 움직임 정도(민감도)를 체크한 후 헤징 전략을 수립해야 한다.

현물 매도 & 선물 매입 헤징 : 향후 가격상승 위험에 노출
현물 매입 & 선물 매도 헤징 : 향후 가격하락 위험에 노출

---

2. 투자거래

투자거래란 현물포지션의 보유와 관계없이 장래의 가격변동을 예측하고, 이를 근거로 선물계약을 매도 또는 매수하는 것이다. 또한 시세변동에 따른 차익획득을 목적으로 위험을 감수하면서 잠재적인 이익을 추구하기 위해 하는 거래다.

선물거래는 작은 증거금으로 큰 금액의 거래를 할 수 있으므로 투자거래자들이 이용하기 쉽다. 따라서 투자거래는 선물시장의 유동성을 증대시켜 헤저(Hedger)들이 손쉽게 선물시장을 이용해 위험관리를 할 수 있도록 해주는 역할을 한다.

가격상승이 예상될 경우 선물 매입포지션을 취한 후 가격이 상승하면 반대포지션(전매도)을 취하게 되며 반대로 가격하락이 예상될 경우 선물 매도포지션을 취한 후 가격이 하락하면 반대매매(환매수)로 포지션을 청산하는 거래유형이다.

투자거래는 높은 레버리지 효과(적은 증거금)로 인해 고수익을 확보할 수 있다. 그러나 시장전망과 가격 방향성에 대한 예상이 어긋나갔을 경우 손실이 크게

발생할 수도 있다.

또한 선물시장의 참여자가 모두 헤저일 경우 시장전망에 대한 동일한 예측과 위험회피성향으로 인해 선물시장에 대한 수요와 공급의 불균형이 투자적 거래자로 인해 해소된다.

일반적으로 선물시장에서 투자거래자는 오랜 경험을 통해 가격 변화의 방향과 변동 폭에 대한 나름의 식견을 가지고 있으면서 헤저들이 전가하는 가격위험을 수용함으로써 이익을 기대한다. 활발한 투자거래는 선물시장 유동성을 증대시켜 헤저들이 손쉽게 선물시장을 이용해 위험관리를 할 수 있도록 해준다.

투자거래자들은 포지션을 보유하고 있는 시간과 기간에 따라 스캘퍼(Scalper), 일일거래자(Day Trading), 포지션거래자(Position Trader), 스트래들러(Straddler)로 분류된다.

3. 스프레드거래

현물가격과 선물가격 간의 차이가 베이시스로 정의되는 반면 스프레드는 거래대상물은 같으면서 만기 월이 서로 상이한 선물계약 간의 가격 차이 및 거래대상 선물은 다르나 가격 움직임과 만기 월이 동일한 선물계약 간의 가격 차이를 이용한다. 손실을 최소한으로 한정하면서 이익을 확보하려는 거래기법이다.

향후 선물가격상승이 예상되는 경우에는 만기 월이 가까운 선물계약이 만기월이 상대적으로 먼 선물계약보다 가격 움직임이 빠르다는 점을 이용해 만기

월이 가까운 근월물을 매수하고, 원월물을 매도한 상태에서 예상대로 가격이 상승하면 반대포지션을 취하므로 이익을 확보하는 것이다.

만일 가격이 예상대로 움직이지 않더라도 매도, 매수포지션을 동시에 취하고 있기 때문에 손실을 최소한으로 한정할 수 있다.

Spread = 원월물가격 - 근월물가격 = (원월물 베이시스 - 근월물 베이시스)

스프레드거래는 시장 내 스프레드(Intra-Market Spread), 상품 간 스프레드(Inter-Commodity Spread), 시장 간 스프레드(Inter-Market Spread)로 분류될 수 있다.

대표적인 스프레드거래인 시장 내 스프레드를 살펴보면 동일한 거래소 및 종목을 대상으로 만기 월이 상이한 선물계약에 대해서 동시에 매입포지션과 매도포지션을 취하게 된다. 강세장 전망 시 이용하는 불 스프레드(Bull Spread)와 약세장 전망 시 이용하는 베어 스프레드(Bear Spread)로 나누어진다.

(1) 불 스프레드(Bull Spread)

불 스프레드(Bull Spread)는 가격상승이 전망될 경우 근월물을 매입하고 원월물에 대해서는 매도포지션을 취하는 전략이다.

(2) 베어 스프레드(Bear Spread)

베어 스프레드(Bear Spread)는 가격하락을 예상해 근월물을 매도하고 원월물을 매입하는 거래전략으로 안정적인 수익을 확보한다.

스프레드가 확대된다는 것은 가격상승을 의미하는 것으로 향후 가격상승이 예상될 경우 스프레드 확대에 대한 기대감으로 근월물 매입와 원월물 매도의 불 스프레드(Bull Spread) 전략이 유효하다. 반대로 가격하락이 전망될 경우에는 스프레드 축소를 기대함에 따라 근월물 매도와 원월물 매입의 베어 스프레드 (Bear Spread) 전략을 구사하게 된다.

4. 차익거래

동일한 기초자산이 시간과 장소에 따라 가격이 다를 수 있듯이 선물시장에서도 비슷한 현상이 발생한다. 일반적으로 선물가격과 현물가격의 차이 또는 만기가 다른 두 선물가격의 차이는 각 포지션을 유지하는 데 따른 순비용(Cost of Carry)에 따라 결정된다. 어떤 경우에는 여기에 괴리가 발생해 차익거래의 기회가 발생할 수 있다.

선물거래의 경우는 거래비용이 매우 적기 때문에 조그만 차익거래 기회에도 민첩한 거래자는 이익을 실현할 수 있다. 실제 시장에서 보면 사소한 재정거래 기회가 발생해도 대규모 거래가 이루어지곤 한다.

결국 선물시장과 현물시장의 일시적인 가격불균형을 이용해 현물과 선물을 동시에 매매함으로써 위험부담 없이 이익을 획득하려는 거래다. 즉 선물이론가격 대비 선물가격이 고평가되어 있을 경우에는 현물매입, 선물매도의 매입차익거래를 하게 되며 반대로 선물이론가격 대비 선물가격이 저평가되어 있을 경우에는 현물매도, 선물매입의 매도차익거래를 함으로써 균형가격대에 대한 이탈에 대해서 차익을 확보하게 된다.

선물가격과 이론가격 사이에 일시적인 가격불균형이 발생했다고 해서 반드시 차익의 기회만 있는 것은 아니다. 왜냐하면 거래수수료와 매수-매도 호가 차이의 시장충격비용 및 조달비용문제 등으로 차익거래 불가능 영역이 존재하기 때문이다.

따라서 차익거래전략에 앞서 선행적으로 수행해야 할 것은 현물 및 선물거래에 있어서 제반 수수료 문제뿐 아니라 현물에 대한 신용거래 및 공매도의 제약요인을 고려한 후 차익거래를 위한 상하한 레인지를 설정해서 운용해야 한다.

차익거래를 이용할 경우 선물가격이 상하한 레인지를 벗어났을 때는 매수차익거래 및 매도차익거래로 인해 이탈된 선물가격이 이론가격으로 수렴된다. 현물 및 선물차익거래는 매수차익과 매도차익거래로 분류된다.

(1) 매수차익거래(Cash-and-Carry Arbitrage)

매수차익거래는 이론가대비 선물가격이 상한밴드를 이탈한 상태에서 이루어지는 차익거래 유형으로 현물매수 & 선물매도를 통해 차익을 확보하게 된다. 결국 시장에서 고평가된 선물가격은 선물 매도포지션의 우위로 인해 적어도 이론가격 또는 상한 레인지로 수렴되면서 선물가격은 하락하게 된다.

(2) 매도차익거래(Reverse Cash-and-Arbitrage)

매도차익은 선물가격이 이론가 대비 하한밴드를 이탈하게 되었을 경우 매도차익거래가 발생하는 것으로 현물매도 & 선물매수 포지션을 취함으로써 가격의 일시적인 불균형에 따른 시세차익을 확보하는 거래다. 이 경우에도 선물가격의 저평가에 대한 매수세 유입으로 말미암아 이론가격 또는 하한 레인지 안으로 선물가격이 상승하게 된다.

[자료 1-4] 차익거래 유형

구분	매수차익거래	매도차익거래
국면	선물 고평가 이론선물가격 〈 시장선물가격	선물 저평가 이론선물가격 〉 시장선물가격
전략	선물매도 + 현물매입 + 자금차입	선물매입 + 현물매도 + 자금예치

출처 : NAMU EnR 금융공학 & 리서치센터, KRX

5. 합성거래

합성거래전략은 현물자산을 보유하지 않은 상태에서 다양한 파생상품을 이용해 현물자산을 복제하는 거래기법으로 선물, 옵션, 스왑, 레포 등의 포트폴리오로 구축된다.

가장 간단한 예로는 현물 보유 포지션을 복제하기 위해서는 선물 매입포지션(콜옵션 매입 + 풋옵션 매도)을 그리고 현물 처분 포지션을 복제하기 위해서는 선물 매도포지션(콜옵션 매도 + 풋옵션 매입)을 보유하면 된다.

또한 선물 1년, 2년, 3년, 4년, 5년 만기별 매입(매도) 포트폴리오 구축은 스왑 5년 매입(매도)의 단일 포지션과 동일한 합성거래 전략이다. 결국 선물 스트립 포트폴리오는 스왑 계약과 같다.

파생상품 상장요건

1. 표준화

기초자산(주가지수, 환율, 금리, 원자재, 탄소배출권) 품질이나 거래조건의 표준화가 가능해야 하며 서로 다른 품질이 존재하는 경우에는 그 시장가치를 객관적인 척도로 비교할 수 있어야 한다.

선물거래소에서는 가장 대표적인 등급을 선정해 이 표준상품을 기준으로 매매를 성립시킨다. 실제 선물계약 만기에 가서 선물매도자가 선물 매입자에게 인도하는 상품은 표준화된 기초자산을 결제(현금 결제, 실물인수도 결제)하게 된다.

예를 들어 주가지수는 포인트당, 원유는 배럴당, 탄소배출권은 톤당(tCO_2eq) 거래되고 있어 매매 단위를 현물과 동일하게 표준화해야 한다. 이런 표준화를 통해 만기가 다른 월물(연물)간, 시장이 다른 시장 간 투자거래, 스프레드거래 및 차익거래 등 다양한 매매가 가능하다.

2. 유동성

현물시장 거래량이 충분해야 한다. 즉, 시장참여자의 제한이 없고 원하는 가격에 원하는 물량이 거래되는 시장 유동성(Market Liquidity)이 풍부해야 한다. 시장 유동성이 부족해 현물거래의 환금성이 낮아지면 자연히 시장가격의 왜곡이 발생한다.

현물시장에서 수요 우위의 시장이 전개될 경우 현물가격은 급등하게 되는 반면 공급우위 시장에서는 현물가격이 급락하는 왜곡현상이 나타난다. 에너지 및 상품선물시장에서 만기시점에 대부분 실물을 인수도한 실물결제 방식을 취하고 있다. 이 경우 선물매도자가 현물시장에서 유동성 부족으로 현물구입이 불가능하다면 선물계약 이행이 불가능하게 된다.

예를 들어 A씨는 탄소배출권 가격이 하락할 것을 예상해 유럽 탄소배출권 선물 1계약(=1,000tCO₂eq)을 매도(B씨는 유럽 탄소배출권 선물 1계약 매입)했다. 선물만기 시점에 A씨는 보유하고 있던 탄소배출권 현물 $1,000tCO_2eq$를 B에게 양도해야 한다. 만약 A씨가 탄소배출권 현물을 보유하지 않았을 경우는 현물시장에서 $1,000tCO_2eq$를 매입해 결제해야 한다.

이 과정에서 탄소배출권 현물시장에서 유동성 부족으로 A씨가 탄소배출권 현물 매입이 불가능하게 되면 선물결제가 불가능하게 된다. 따라서 선물시장의 성공적인 운영을 위해서는 현물시장에서 풍부한 유동성이 반드시 담보되어야 한다.

3. 변동성

현물시장에서 가격은 완전 자유경쟁으로 결정되어야 하며 역사적으로 가격변동성이 높아 장래 가격변동위험이 충분히 존재해야 한다. 시장가격이 정부의 통제나 담합에 의해 인위적으로 조절되거나 시장가격변동이 거의 없는 안정적인 경우 파생상품 시장(선물거래)은 불필요하다.

대표적인 예로 1970년대 석유수출국(OPEC) 회의를 거쳐 원유가격이 결정되었으나, 1980년대 들어와 비OPEC의 생산량이 상대적으로 늘어서 세계원유가격에 대한 OPEC의 영향력이 현저하게 줄어들면서 비로소 NYMEX에서 원유선물거래가 개시되었다.

변동성은 시장 리스크로 해석된다. 현물시장의 가격 움직임이 큰 경우 선물시장에서 헤징거래를 촉진시킨다. 탄소배출권 현물을 보유하고 있는 경우 배출권 가격하락과 동시에 배출권 처분 리스크를 관리하기 위해 탄소배출권 선물 매도포지션으로 리스크를 제거하게 된다.

태생적으로 에너지 및 탄소배출권과 관련된 현물시장의 변동성(리스크)은 금융시장의 변동성보다 상대적 크다. 왜냐하면 일반적인 우상향의 공급곡선와 우하향의 수요곡선과는 달리 에너지 및 탄소배출권 시장의 공급곡선은 계단식의 비탄력적인 수직 형태를 보이기 때문이다.

4. 시장 관련 정보

모든 시장참여자는 시장의 모든 정보에 대해서 경제적으로 큰 비용 지불 없이 자유롭고 공개적으로 얻을 수 있어야 한다. 즉, 시장가격이 정보 효율적이어야 한다. 수급상황에 대한 정보가 즉각적이고 객관적으로 시장가격에 반영되어야 하고 거래 동향 정보 또한 투명하게 공개되어야 한다.

탄소배출권거래제는 온실가스 감축 방법론 중에서 시장-메커니즘을 활용해 감축목표를 달성하고자 하는 제도다. 즉 시장의 수급상황에 맞추어 탄소배출권 가격이 결정되는 구조로 이 과정에서 수요와 공급에 영향을 미치는 정보들은 빠르게 가격에 반영된다.

할당대상업체를 포함한 시장참여자들은 탄소배출권 시장에서 유통되고 생산되는 모든 정보를 투명하고 즉각적인 접근이 가능해야 한다. 특히 일별 투자자별 매매동향, 장외 거래 매매동향, 이월 및 차입 정보, 외부감축사업 정보, 시장 안정화조치 등은 수급에 직접적인 영향을 미치는 만큼 일부 업종 및 단체들에 의해서 시장정보가 독식되는 폐단은 없어야 한다.

5. 저장성

상품선물거래 대상 상품 조건으로 저장성(Storability)을 꼽을 수 있다. 저장이 어려울 경우 선물계약 만기 시점에 재고 부족으로 가격조작 등의 투기 우려를 방지하기 위해 현물의 저장성이 담보되어야 한다.

그러나 저장능력 자체도 장래 가격에 대한 예상에 포함되어 현재 가격이 형성되고 또 저장성이 없다고 해서 장래 재고에 대한 투기로 이어진다는 보장이 없기 때문에 저장성은 선물거래 조건으로 꼭 필요한 것은 아니다.

대부분 거래소에서는 장래 비축물량 등을 감안해 개별 거래자의 선물거래 한도를 규제하고 있으므로 선물거래의 선결 요건으로 중요하게 인식되지는 않고 있다. 저장성이 낮아 만기 현물인도가 어려운 경우는 현물시장 가격을 기초로 현금결제(Cash Settlement) 방식을 택해 저장성 문제를 극복할 수도 있다.

파생상품 경제적 기능

1. 위험관리 기능(Risk Management)

선물거래는 장래의 매매가격을 현재 시점에서 확정시키는 것이므로 장래 가격변동 위험을 완화하는 수단이 된다. 물론 선물거래 외에도 위험을 관리하는 수단이 있으나, 선물거래는 거래비용 등 모든 제약조건을 가장 쉽게 극복해 위험을 효율적으로 관리하는 수단이 될 수 있다.

장래 가격변동 위험에 노출된 거래자(보통 헤저라고 함)는 위험을 완화하는 대가로 일정한 프리미엄을 부담하게 되는데 선물시장에서는 낮은 거래 비용, 높은 레버리지 효과 때문에 많은 투자거래자가 시장 조성 기능을 담당하면서 시장 위험을 흡수함으로써 이 위험 프리미엄 수익을 추구한다.

즉, 투자거래자들은 적극적으로 위험을 취함으로써 수익 기회를 추구하고 있으므로 헤저의 위험은 손쉽게 투자거래자들로 전가된다. 결국 선물시장에서는 위험과 수익기회가 균형을 이루면서 헤저들은 위험회피 수단으로, 투자자들은 수익창출 수단으로 선물거래에 참여한다.

2. 가격 발견 기능(Price Discovery)

선물가격은 장래 현물가격에 대한 거래자들의 예상을 반영하므로 장래 가격에 대한 정보를 제공한다. 이 정보는 기업이나 정책 당국이 장래의 생산, 판매계획, 정책수립 등에 유용한 자료로 사용될 수 있다.

또한 만기별 선물가격 수준은 장래 가격의 기간별 변동 시나리오를 파악할수 있다. 예를 들어 6월물 가격은 높은데 9월물 가격이 낮다면 9월에는 시장공급이 우세해(신규 수확 등으로) 가격이 낮아질 것이라는 예상을 할 수 있다.

3. 시장 유동성(Market Liquidity) 증대

시장에서 기존 가격에 대한 교란 요인의 발생으로 장래 가격 예상이 변화하는 경우 거래자는 그것이 거래비용을 충분히 상쇄할 수 있는 수준이라면 바로거래 결정을 내리게 된다. 그런데 선물거래 비용은 매우 낮기 때문에 당연히 거래자들이 거래 참여 결정할 확률이 그만큼 높아져 거래량이 늘어난다.

선물시장의 거래량이 늘어나면 가격이 더욱 효율적으로 형성된다. 상대적으로 제약을 많이 받는 이유로 비효율적이기 쉬운 현물시장과의 재정거래기회를유발해 현물시장의 거래도 촉진시키는 효과를 가져다준다.

선물거래는 표준화된 상품에 대한 거래이므로 개별 종목으로 거래가 분산될것을 집중화시키는 역할을 한다. 거래에 필요한 정보를 단순화시키고 결제방법을 표준화시킬 수 있어서 시장 전체적으로 볼 때 규모의 경제(Economy of Scale)를 창출한다.

특히, 대규모 거래(Block Trading)를 무리 없이 소화함으로써 가격이 불안정한 국면에서도 시장거래를 유지시킬 수 있다. 시장에서 유동성이 높아지면 그만큼 유동성 프리미엄이 감소해 자산의 가치 상승이 가능하다. 실제로 미국 국채선물시장은 현물채권 유통시장의 유동성을 높여 국채 발행 비용 절감, 재정 부담 축소에 기여한 것으로 평가되고 있다.

4. 다양한 투자수단 제공

현물시장거래는 정부의 규제, 현물시장 거래물량 제한 등으로 거래자들의 예상을 실행에 옮기기가 어려운 경우가 많다. 대표적인 예로서 가격하락이 예상되는 경우의 공매도(Short Selling)를 들 수 있다.

가격하락을 예상할 경우 수익 확보를 위해서는 현물을 차입해야 한다. 차입할 수 있는 물량의 제약이 있다면 가격하락 예상을 거래로 실현시킬 수 없을 것이다. 선물시장에서는 가격하락이 예상되는 경우 간단하게 선물매도 포지션을 취함으로써 거래를 실행에 옮길 수 있다.

또한 선물과 옵션거래의 적절한 합성으로 다양한 가격변화 시나리오에 맞는 거래전략을 구사할 수 있다. 예를 들어 가격이 상승하는 국면에서도 서서히 상승하는 경우, 돌발적인 등락이 있으면서 상승하는 경우, 초반 상승 후 중간에 조정기간을 거치면서 재상승하는 경우 등 여러 가지 시나리오에 부합되는 거래전략을 구성할 수 있다.

[선물거래와 스왑거래 비교]

스왑거래와 선물거래는 상호보완적이기도 하고 또한 상호배타적이기도 하다. 즉 선물거래와 스왑거래는 서로의 장단점을 가지고 있기 때문에 보완적일 수 있고 또 어떤 경우에는 한 가지만을 선택해야 하는 경우도 있기 때문에 상호배타적이라고도 말할 수 있다. 스왑거래의 가장 큰 장점은 고객의 필요에 맞추어 여러 가지 형태의 계약이 가능하다는 점이다.

스왑거래는 비교적 장기간에 걸쳐서도 헤징이 가능하다. 보통 스왑거래는 1년 미만, 1~2년물, 5~7년물 등이 활발하게 거래되고 있지만, 필요에 따라서는 얼마든지 기간연장이 가능하다. 선물시장의 경우 NYMEX의 텍사스 중질유(WTI)는 최장 3년물까지 거래되고 있다.

스왑거래에서 이처럼 장기간의 거래가 가능하다는 것은 역으로 말하면 이용자가 장기 스왑거래의 효과를 정확하게 분석하기가 어렵다는 면에서 단점이 되기도 한다. 스왑거래의 또 하나의 장점 중의 하나는 일단 한번 계약을 한 후에는 선물거래에 비해 관리하기가 용이하다는 점이다. 매 결제일 차액조정을 하고, 선물거래에서와 같이 매일 마진조정을 하지 않아도 된다.

스왑거래는 거래규모가 보통 크기 때문에 소규모 기업의 입장에서는 이용하기가 어렵다. 또한 선물시장에서와 같이 거래이행을 보증해주는 청산소와 같은 조직이 있는 것이 아니라 단지 상대방의 신용에 의거, 거래를 한다.

따라서 스왑거래를 중개하는 입장에서는 상대방의 신용도에 따라 요구하는 수수료 차이가 있다. 또한 중개자 입장에서 거래 쌍방을 연결할 수 있는 경우가 흔하지 않기 때문에 중개자 스스로 위험을 헤징할 수밖에 없다. 따라서 중개자는 이러한 제반 비용을 고려해 매입가-매도가를 제시하거나 수수료를 요구하게 된다. 스왑거래는 선물시장처럼 유동성이 높은 거래가 아니라는 점도 단점으로 지적될 수 있다.

헤징의 목적으로 스왑거래를 이용하는 경우와 선물시장을 이용하는 경우의 비용 차이를 획일적으로 말하기는 어려울 것이다. 보통 스왑거래에서는 매입가-매도가의 차이에서 암묵적으로 부담하는 비용 또는 수수료와 거래이행 보증을 위한 보증금이 총비용이 된다. 선물거래에서는 개시증거금 일일 가격변동에 따른 마진 조정과 수수료가 있다. 보통 선물거래에 드는 비용보다 스왑거래에 드는 비용이 높은 것이 보통이다.

헤징을 하기 위해 두 가지 거래의 이용을 고려하고 있는 기업은 지금까지 열거한 스왑과 선물거래와의 차이점을 충분히 인식해야 한다. 거래에 따른 장단점 및 비용을 충분히 분석해 두 거래를 복합적으로 이용한다면 기업 위험관리의 효율화를 꾀할 수 있을 것이다.

PART 2

반드시 알아야 할
핵심 용어

PART 2
반드시 알아야 할 핵심 용어

14세기 중반, '이해할 수 없는 말, 횡설수설 수다, 재잘거림'을 뜻하는 'Jargon'이라는 단어는 프랑스어로부터 유래되었다. 사전적 의미로는 특수용어 또는 전문용어의 뜻을 지니고 있다. 학문적 영역에서 전문용어(Jargon)의 사용은 일반적으로 찬반 논쟁이 많다. 축약된 단어로 많은 것을 전달할 수 있다는 장점이 있는 반면에 전문화된 단어의 활용으로 인해 진입장벽으로 인식되는 단점도 있기 때문이다.

파생상품(선물, 옵션, 스왑, 레포) 시장은 유난히 전문용어를 많이 쓴다. 그 덕에 일반 투자자들의 시장접근과 이해의 어려움을 토론하는 경우가 많다. 2025년 상장을 앞둔 시점에서 파생상품 시장에서 통용되고 있는 용어들을 정리하고자 한다. 특히 제도 관련 용어 10선, 시장 관련 용어 10선에 대한 의미를 요약했다.

제도 용어 10선

1. 대상현물

대상현물이란 선물거래 시 인수도의 대상이 되는 증권 또는 상품을 말한다. 예를 들어, IMM에서 거래되는 통화선물의 대상현물은 독일 마르크화, 일본 엔화, 영국 파운드화, 스위스 프랑화 등이 될 것이며, COMEX에서 거래되는 귀금속 선물의 대상현물은 금, 은 등이 된다. 그런데 대상현물의 인수도가 불가능해 만기에 차액을 현금으로 결제하는 선물계약(주가지수선물, 통화선물)이 있다.

2. 결제월

선물계약에서는 당사자 간 합의로 인도일을 정하거나 선물계약 기간을 30일, 60일, 90일 등으로 지정해 인도일을 결정하는 데 반해 선물계약에서는 인도월과 인도일이 거래소에 의해 지정된다. 대부분의 선물계약은 3개월, 6개월 9개월, 12개월의 결제월로 이루어진다. 결제월이 많을수록 거래 분산으로 유동성이 낮아지는 경우도 있다.

3. 최종거래일

모든 파생상품은 만기가 있는 관계로 최종거래일이 있다. 각 거래소에서는 현물인도일(Delivery Day) 이전 특정일까지만 선물거래가 이루어지도록 최종거래일(Last Trading Day: LTD)을 정해 놓고 있다. 예를 들어 결제월의 셋째 주 수요일 이전 2영업일이 최종거래일로 지정하게 된다.

4. 계약(거래) 단위

계약 단위란 선물 1계약 거래 시 인수도 또는 차액 결재되는 거래대상의 금액으로 1계약 금액이라고도 한다. 따라서 주식시장에서 주식을 1주 단위로 거래되듯이 선물은 1계약 단위로 거래된다.

일반적으로 선물계약 단위는 상품별로 상이하며 기초자산의 특성과 투자자 유인, 진입제한, 헤지거래 등의 거래 용이성을 감안해 결정된다. 유럽 탄소배출권 선물의 경우 선물 1계약은 1,000 EUA 계약단위로 거래되고 있고 선물거래의 시장가치(Market Value)는 계약단위 × 선물가격에 의해서 결정된다.

[자료 2-1] 주요 선물거래 단위

구분	계약금액(거래승수)
개별주식선물	개별주식선물가격 × 10(거래승수)
코스피200선물	코스피200선물가격 × 25만(거래승수)
미니코스피200선물	미니코스피200선물가격 × 5만(거래승수)
코스닥150선물	코스닥150선물가격 × 1만(거래승수)
국채선물	국채선물가격 × 10만(거래승수)
미국달러선물	미국달러선물가격 × 1만 달러(거래승수)

구분	계약금액(거래승수)
유로선물	유로선물가격 × 1만 유로(거래승수)
금선물	금선물가격 × 100(거래승수)

출처 : NAMU EnR 금융공학 & 리서치센터, KRX

5. 호가단위와 최소가격변동 폭

파생상품 거래에서 호가가 가능한 가격의 최소단위가 정해져 있다. 이러한 가격의 최소단위를 최소가격변동 폭이라 한다. 또한, 최소가격변동 폭 한 단위, 즉 1Tick의 가치(Tick Value)를 알고 있다면 선물거래 시 손익 계산이 간편하다. 이러한 Tick Value는 1Tick의 크기에 계약단위(Contract Size)를 곱해서 산출할 수 있다.

6. 증거금

선물거래는 장래 특정일에 현물 인도결제를 약속하는 것이기 때문에 중도에 선물가격의 변동으로 계약 당사자 중 어느 일방의 손실이 클 경우에는 결제를 이행하지 않을 가능성이 커지게 된다. 따라서 선물시장이 효율적인 시장으로 존속할 수 있기 위해서는 이러한 결제 불능 위험성을 제도적으로 방지할 수 있는 장치가 필요한데 이러한 제도적 장치 중의 하나가 증거금제도다.

증거금의 주요 기능을 자세히 살펴보면 다음과 같다. 첫째로 선물거래 증거금은 계약이행 보장의 기능을 한다. 선물거래는 매매와 동시에 대상물과 가격이 수수되는 현물거래와는 달리, 장래의 일정시점에 계약 시에 정한 가격으로 대상물을 인수도하기로 하는 약속이기 때문에 결제일에 계약당사자가 약속을 이행하지 않을지도 모른다는 우려가 있다.

즉, 선물을 매입(Long Position)한 후 선물가격이 하락했거나, 선물을 매도(Short Position)한 후 선물가격이 상승한 경우, 계약자가 계약이행에 대한 손실을 회피하기 위해 계약을 이행하지 않을 우려가 있다.

이러한 경우 선물시장은 시장으로서 기능할 수 없게 되어 존속이 어렵게 된다. 선물거래에서는 거래소가 매매당사자들의 상대방이 되어 계약이행을 보증하기 때문에 선물거래소 또는 시장의 신뢰도 유지를 위해 충분한 증거금이 확보되어야 한다.

고객의 손실액이 일정 수준을 초과해 증거금이 유지증거금(Maintenance Margin)에 미달할 때는 중개회사는 고객에게 즉시 증거금을 개시증거금(Initial Margin) 수준까지 충당하도록 하는 마진 콜(Margin Call)을 통보해 증거금의 결제이행 담보능력을 유지하도록 한다.

7. 레버리지 효과

레버리지는 우리말로는 지렛대 효과라고 하는데, 지렛대를 사용하면 동일한 힘으로 더 무거운 물건을 들어올릴 수 있듯이 파생상품 거래는 증거금을 활용해 투자비용 대비 높은 수익을 올릴 수 있다. 반대로 손실을 볼 경우 손실 규모는 레버리지를 사용하지 않은 거래보다 훨씬 클 수도 있다. 증거금 1,000만 원을 입금 후 1억 원에 해당하는 선물자산을 운용하는 것이다. 일상생활에서 부동산의 경우 전세를 끼고 집을 매입하거나, 은행에서 대출상품을 이용해 집을 매입하는 경우가 대표적인 사례다.

8. 일일정산제도

선물거래의 증거금은 일일정산의 기능(Mark To Market)을 한다. 선물가격은 수급관계에 의해 끊임없이 변화하기 때문에 이러한 가격변화에 따라 거래당사자 중 한쪽은 반드시 불리하게 되며, 불리한 쪽의 손실액이 애초의 담보금액을 초과하게 되면 증거금은 결제이행 담보금의 기능을 상실할 수도 있다.

따라서 선물가격 변화에 따른 손실을 충분히 보전할 수 있는 수준의 증거금이 항상 유지될 수 있도록 하는 제도적 장치가 일일정산제도다. 일일정산 과정은 고객의 미청산포지션을 일별 정산가격(Settlement Price)으로 재평가해 증거금을 유지하도록 한다.

다시 말해 선물거래에서는 일일정산을 통해 모든 미청산포지션을 매일 당일 최종가격으로 손익을 정산함으로써 실질적으로는 일별 청산을 행하는 것과 같은 효과를 거두고 있다. 이 과정을 통해 고객의 손실액이 일정 수준을 초과해서 증거금이 유지증거금(Maintenance Margin)에 미달할 때는 중개회사는 고객에게 즉시 증거금을 개시증거금(Initial Margin) 수준까지 충당하도록 해서(Margin Call) 증거금의 결제이행 담보능력을 충실히 유지하도록 한다.

[자료 2-2] 파생상품 거래 특성

출처 : NAMU EnR 금융공학 & 리서치센터, KRX

9. 반대매매 vs 최종결제

파생상품(선물, 옵션, 스왑 등) 거래에서 보유한 포지션(매입 또는 매도)를 청산하는 방법은 반대매매와 최종결제로 나누어진다. 반대매매는 본래 파생상품은 최종 거래일에 기초자산을 인수도하거나 가격변동에 따른 차액을 수수하기로 하는 계약이므로 거래당사자는 최종거래일까지 계약에서 벗어날 수 없게 되어 거래 상 많은 불편이 있다.

이와 같은 불편을 해소하기 위해 장내파생상품 거래에서는 최종거래일 이전 에 거래당사자가 원할 경우 언제든지 계약에서 벗어날 수 있도록 반대매매를 제도적으로 허용하고 있다. 최종결제는 최종거래일까지 반대매매되지 않은 미 결제약정을 결제하는 것으로 최종거래일에도 일일정산 후 최종결제가격 반영 해 최종결제가 이루어진다. 최종결제방식에는 현금결제와 실물인수도결제로 나누어진다.

10. 행사가격

옵션 계약의 주요 특징 중 하나는 거래당사자 양방이 가격에 동의하는 것으 로 이 가격을 행사가격 또는 행사가라고 한다. 행사가는 콜옵션의 경우 매수

시, 풋옵션의 경우 매도 시, 옵션을 행사할 때 적용되는 가격으로 계약 시점에 미리 지정하는 가격이다.

행사가 범위는 옵션거래 시, 거래소가 미리 지정한 일정 간격의 행사가 중에서 선택할 수 있다. 행사가 간격 범위는 기초 선물계약에 따라 다르다. 선물이 이 간격 사이에서 계속 거래될 수 있기는 하지만 거래소는 시장의 유동성 및 시장 상황에 부합하는 옵션 행사가 및 간격을 꾸준히 모니터링하고 관리하게 된다.

또한 행사가격 범위는 선물의 전날 결제가격에 의해 결정된다. 시간이 흐르면서 시장 변동으로 인해 전체 범위가 초기 상장 범위를 넘어 확대될 수 있으며 일반적으로 만기일이 가까워지면 행사가 간격이 더욱 정밀해질 수 있다.

시장 용어 10선

1. 콘탱고 vs 백워데이션

선물가격과 현물가격 분석에 있어 콘탱고(Contango)는 선물가격이 현물가격보다 높은 상태를 말한다. 콘탱고 상태에서는 베이시스가 양(+)의 값을 보이게 된다. 반면 백워데이션(Backwardation)은 선물가격이 현물가격보다 낮은 상태로 콘탱고와는 반대상태로, 베이시스는 음(–)의 값을 가진다.

선물가격은 현물가격보다 높은 경우가 일반적이기 때문에 콘탱고 상태가 정상적인 상태이며, 콘탱고 상태를 정상시장(Normal Market)이라고 하고 주가지수 선물시장, 달러선물시장, 원유선물시장 등이 정상시장에 속한다. 반대로 채권선물시장, 상품선물시장에서 백워데이션을 보이는 경우 역조시장(Inverted Market)이라고 부른다.

[자료 2-3] 콘탱고 vs 백워데이션

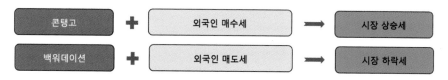

출처 : NAMU EnR 금융공학 & 리서치센터, KRX

2. 시장 베이시스 vs 이론 베이시스

일반적인 경우 베이시스는 시장 베이시스를 의미하며 선물시장에서 거래되는 선물시장가격과 현물시장가격의 차이로 정의된다. 선물가격은 미래의 불확실성을 포함하기 때문에 현물가격보다 높아, 베이시스는 대체로 양(+)의 값을 가진다.

베이시스는 끊임없이 변동하지만, 선물가격이 현물가격에 비해 뚜렷한 상승세를 보일 때, 강한 하방 경직성을 보일 때 특히 확대되어 베이시스가 확대되면 시장가격의 상승을 예측할 수 있다.

이론 베이시스는 선물이론가격과 현물시장가격의 차이로 베이시스가 같으면 선물가격과 현물가격이 균형을 이루는 것이다. 시장 베이시스가 이론 베이시스보다 크다면 선물가격이 고평가된 것으로 판단되어 선물시장에서 매도우위가 나타나게 된다.

[자료 2-4] 시장 베이시스

출처 : NAMU EnR 금융공학 & 리서치센터, KRX

3. 괴리도

괴리도(선물시장가격−선물이론가격)는 선물시장가격이 선물이론가격에서 벗어난 정도를 나타내는 지표로 괴리도나 괴리율이 양(+)의 값을 가지면 선물시장가격이 고평가되어 있다는 것을 의미한다. 예를 들어 선물시장가격 273.90, 선물이론가격 274.28인 경우 괴리도 -0.38, 괴리율 -0.14%가 된다.

[자료 2-5] 괴리도와 괴리율

선물시장가격 = 273.90
(KOSPI200선물 현재 가격)

선물이론가격 = 274.28
(이론적으로 산출한 KOSPI200선물가격)

101PC000	Q F 201912					◉정보 ○프로그램매매 ○차트	주 차 프 투 미

| 273.90 ▼ | 0.25 | 0.09% | 18,562 | 10.59% | 이론가 | 274.28 | BASIS | +0.85 |

건수	매도	09:15:01	매수		괴리도	-0.38	괴리율	-0.14%
72	171	274.10	미결제		시장 BASIS	+0.47	거래대금	1,270,387
69	178	274.05	증감	+1,484	KOSPI200	273.43	0.12	0.04%
107	332	274.00	시	273.75				

괴리도 = 273.90-274.28 =-0.38
(선물시장가격과 선물이론가격의 차이)

괴리율 = -0.38 / 274.28 = -0.14%
(선물이론가격 대비 선물시장가격과 선물이론가격의 차이)

273.90	50	273.80	228	87	이자율	1.550	기준가	274.15
273.90	1	273.75	260	94	최종거래일	2019/12/12	잔존만기	73 51
273.90	1	273.70	298	82	상장최고	340.55	-19.59%	2018/01/30
273.90	1 ▾	273.65	217	60	상장최저	250.95	+9.13%	2019/08/06
2,248	13,864	+186	14,050	2,544	◉금액 ○수량		◉데이터 ○차트 ○추이	
	3	직전						

시간대별1	시간대별2	일간	차트		투자자	매도	매수	순매수	증감
시간	체결가	체결량	기초자산	Basis ▲	개인	3,127	4,000	+874	-31
09:15:01	273.90	3	273.41	0.49	외국인	8,141	7,253	-888	+32
09:15:01	273.90	50	273.41	0.49	기관계	1,056	988	-68	-2
09:15:01	273.90	1	273.41	0.49	금융투자	350	665	+315	-2
09:15:00	273.90	1	273.41	0.49	보험	0	0	0	
09:15:00	273.90	1	273.41	0.49	투신	651	106	-545	
09:15:00	273.90	1	273.41	0.49	은행	7	40	+34	
09:15:00	273.85	1	273.41	0.44 ▾	연기금등	48	171	+123	
273.27		273.40		273.45	기타법인	99	181	+81	+1
					273.35	273.41	273.43		

출처 : NAMU EnR 금융공학 & 리서치센터, KRX

4. 프로그램 매매

일정 조건 발생 시 자동으로 거래주문을 내는 프로그램을 이용해 거래하는 것을 '프로그램 매매'라고 한다. 프로그램 매매의 종류는 비차익 프로그램 매매와 차익 프로그램 매매가 있다. 매매 프로그램을 이용해 일괄적으로 매수, 매도하는데 선물과 관계없이 바스켓을 구성, 현물 주식을 매매하는 것 현물가격에 영향을 미치며, 선물가격에도 일부 영향을 미친다.

반대로 차익 프로그램 매매는 베이시스가 지나치게 확대되면, 그 차이를 이용해서 무위험 수익을 올리기 위해 자동으로 주문을 내는 프로그램을 이용하는 함에 따라 선물시장에 직접적인 영향을 미친다.

선물가격이 현물가격보다 커서 베이시스가 양이 되면 프로그램은 고평가된 선물을 매도, 저평가된 현물을 매수하고 선물가격이 현물가격보다 작아서 베이시스가 음이 되면 프로그램은 고평가된 현물을 매도, 저평가된 선물을 매수한다.

[자료 2-6] 프로그램 매매

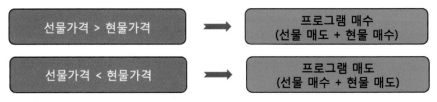

출처 : NAMU EnR 금융공학 & 리서치센터, KRX

5. 미결제약정

미결제약정은 거래량과 함께 시장 상황을 판단할 수 있는 지표, 매수, 매도포지션을 취한 상태에서 청산되지 않고 남아 있는 계약의 수로 계약의 체결 시점과 이행 시점이 다른 파생상품의 특성상 나타나며, 반대거래, 만기 시 결제, 옵션의 행사나 포기를 통해 해소될 수 있다.

선물가격이 상승세일 때는 미결제약정이 증가하면 자금의 유입으로 상승세가 지속되는 강세를 예상할 수 있고 반대로 선물가격상승세, 미결제약정 감소하는 경우에는 상승 여력 감소로 시장의 약세 전환을 예상할 수 있다.

[자료 2-7] 미결제약정 vs 시장 예상

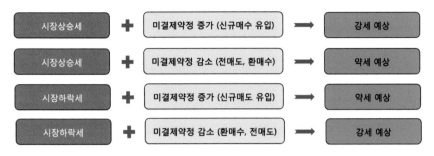

시장상승세	➕	미결제약정 증가 (신규매수 유입)	➡ 강세 예상
시장상승세	➕	미결제약정 감소 (전매도, 환매수)	➡ 약세 예상
시장하락세	➕	미결제약정 증가 (신규매도 유입)	➡ 약세 예상
시장하락세	➕	미결제약정 감소 (환매수, 전매도)	➡ 강세 예상

출처 : NAMU EnR 금융공학 & 리서치센터, KRX

6. 왝더독 vs 위칭데이

왝더독(Wag the Dog)은 개의 꼬리가 개의 몸통을 흔든다는 미국 속담으로 주객이 전도되었다는 의미다. 다양한 분야에서 쓰이는 용어지만 금융에서는 기초자산의 가치변동에 따라 가치가 변하는 파생상품이 도리어 현물가격에 영향을 미치는 상황을 왝더독이라고 한다.

특히 주식시장에서의 왝더독은 작은 주가의 변화에도 큰 영향을 받을 수 있는 박스권 장세, 증시 체력이 약할 때 주로 발생하며 슈퍼 콘탱고나 슈퍼 백워데이션 상태에서의 차익거래 때문에도 일어나는 특징이 있다.

위칭데이의 위칭은 마녀가 횡행한다는 의미로 두 개 이상의 파생상품 만기가 겹치는 날을 뜻한다. 우리나라는 1996년 주가지수선물, 1997년 주가지수옵션이 상장하고 2002년 개별주식옵션이 상장되며 트리플 위칭데이, 2008년 개별주식선물이 상장되면서 쿼드러플 위칭데이를 맞이하게 되었다.

3월, 6월, 9월, 12월의 두 번째 목요일이 쿼드러플 위칭데이가 되며, 이날에는 시장에서의 매매가 매우 활발해 시장이 크게 요동치게 된다. 최근에는 마녀의 숫자를 특정하지 않고 '선물옵션 동시 만기일'로 부르기도 한다.

7. 사이드카 vs 서킷브레이커

경찰 오토바이라는 뜻을 가지고 있는 사이드카(Side Car)는 경찰 오토바이가 길을 안내하듯이 급변하는 가격으로 매매사고가 나지 않도록 유도한다는 의미다. 선물가격이 급변하는 경우 현물시장에 대한 영향을 최소화하기 위해 일시적으로 프로그램 매매호가 체결을 중단시킨다.

사이드카의 발동조건을 살펴보면 선물가격이 전일 대비 5%(코스닥은 6%) 이상 변동해 1분간 지속될 경우 발동되어 5분간 프로그램 매매호가의 효력이 정지된다. 매매호가의 체결이 중단되지만, 거래는 중단되지 않으며 5분이 지나면 자동 해제되어 매매체결이 이루어진다.

서킷브레이커(Circuit Breakers)는 과열된 회로를 차단한다는 의미를 가진 용어로, 전기회로에 과부하가 걸리면 화재 방지를 위해 회로를 끊듯이 주식시장의 종합주가지수가 급락하면 영향을 최소화하기 위해 일시적으로 관련 시장의 거래를 중단시키는 제도이다.

서킷브레이커의 발동조건을 살펴보면, 1단계의 경우 종합주가지수가 전일 대비 8% 이상 하락 시 발동, 모든 주식과 파생상품 거래가 20분간 중단되며 이후 10분간 단일가 매매로 거래가 재개된다.

2단계의 경우 종합주가지수가 전일 대비 15% 하락하고 1단계 서킷브레이커 발동 시보다 1% 이상 추가 하락 시 발동, 20분간 매매가 중단된 후 10분간 단일가 매매로 거래가 재개된다. 3단계는 종합주가지수(KOSPI, Korea Composite Stock Price Index)가 전일 대비 20% 이상 하락하고 2단계 발동지수 대비 1% 이상 추가 하락한 경우 발동, 장 종료 조치가 발생해 해당 시장 및 해당 시장을 기초로 하는 파생상품 시장의 거래가 종결된다.

8. 실물인수도 vs 현금결제

파생상품은 최초 거래 체결 후 만기일까지 청산되지 않는 경우가 있다. 이때 청산되지 않은 포지션을 만기에 최종결제하는 방식은 실물인수도(Physical Delivery) 방식과 현금결제(Cash Settlement) 방식이 있다. 실물인수도 방식과 현금결제 방식의 채택 여부는 투자자 수요, 거래 편의성 등을 고려해 결정한다.

실물인수도 방식이란 만기에 최종결제가격에 해당하는 인수금액과 기초자산인 실물을 직접 교환해 결제되는 방식을 말한다. 이것은 대부분의 선물계약에 적용되는 만기정산 방법이다. 거래소가 지정한 창고를 통해 매도자와 매수자가 실물을 인수도한다. 현재 한국거래소에서 거래되는 상품 중 실물인수도로 결제되는 상품은 미국달러선물, 유로선물, 엔선물 및 위안화선물 등의 통화선물이 해당한다.

현금결제 방식은 최종거래일까지 반대매매를 통해 청산되지 않은 미결제약정에 대해 만기 때 실물인수도 대신 실물과 동일한 가치의 현금을 수수하게 하는 방법이다. 현금결제 방식은 주가지수, 단기금리 및 일부 상품 선물거래에 활용하고 있다. 주가지수 선물거래의 경우를 예로 들면 계약을 체결한 당시의 가격과 만기일의 정산가격의 차액만큼을 수수함으로써 결제가 이루어지게 되는 것이다.

9. 변동성

변동성(Volatility)은 금융에서 시간에 따른 일련의 거래 가격의 변동 정도이며, 대개는 로그 수익률의 표준편차로 측정한다. 약자인 시그마로 표시되는 리스크를 의미하며 통상 연간변동성으로 환산해 시장 리스크(Market Risk)를 평가하게 된다.

역사적 변동성은 과거 시장가격의 시계열을 측정하는 것이다. 내재 변동성은 시장에서 거래된 파생상품(특히 옵션)의 시장가격을 가지고 예측을 하는 것이다. 역사적 변동성은 기초자산의 과거 가격데이터를 이용해서 계산한다. 내재적 변동성은 블랙 숄즈 모형에서 산출된 옵션가격을 이용해서 변동성을 구하는 것이다.

변동성지수(VIX, Volatility Index)는 주식시장이 S&P500지수 옵션에 기반한 변동성을 측정하는 한 방식이다. CBOE(Chicago Board Options Exchange)의 변동성지수 등에 사용된 것으로 잘 알려져 있다.

10. 델타

델타(Delta)란 선물 또는 옵션 계약 가치 변화분 대비 기초자산 가격변화분 비율을 뜻한다. 쉽게 말해 델타는 기초자산 가격이 1단위 변할 때 해당 파생상품 가격이 얼마나 변하는지 알려주는 지표라고 할 수 있다.

또한 델타는 헤지 전략 수립에 있어 필수적인 지표로 헤징 시점 시 델타값을 파악해야 한다. 이를 위해 매입, 매도 포지션 합계의 델타 값을 '0'에 가깝도록 맞추게 된다. 즉, 델타 조절로 델타 중립 포지션(헤징포지션)을 구축하게 된다.

옵션시장에서 델타값이 0.5라면 기초자산 가격이 1만큼 상승할 때 해당 옵션 가치는 0.5만큼 오른다는 의미다. 콜옵션의 델타값은 항상 0에서 1.00 사이의 양수인 반면, 풋옵션의 델타값은 0에서 -1.00 사이의 음수 값으로 측정된다. 한편 선물계약의 경우 델타는 1.00으로 기초자산 가격의 등락 폭은 선물가격의 등락 폭과 동일하게 움직인다.

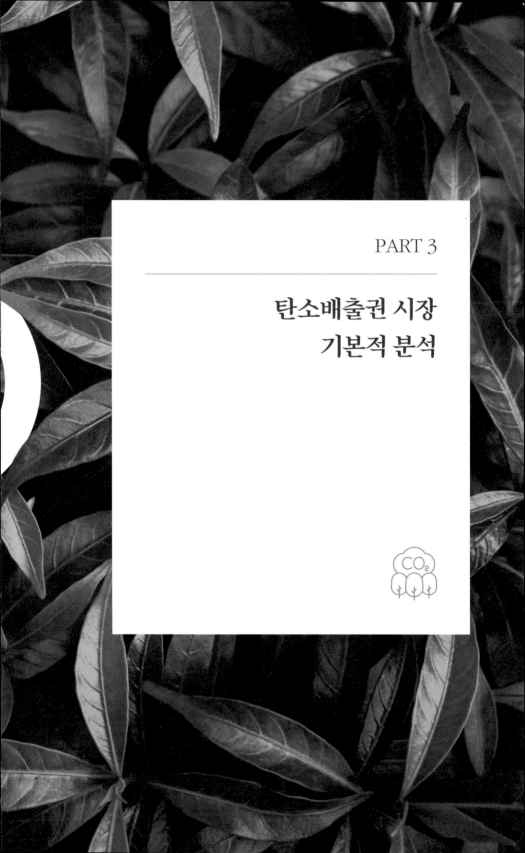

PART 3

탄소배출권 시장
기본적 분석

PART 3
탄소배출권 시장 기본적 분석

금융시장 분석방법은 크게 기술적 분석과 기본적 분석으로 나뉜다. 기술적 분석은 가격패턴, 추세, 이동평균선, 볼린저 밴드 등의 주가 차트와 기술적 지표를 사용해서 주식시장의 흐름과 가격 추세를 예측하는 분석이다.

기본적 분석은 해당 시장의 수요 측 요인과 공급 측 요인들을 분석해 적정한 가격을 산정하고 이를 근거로 시장가격의 과대평가 또는 과소평가에 따라 투전 전략을 수립하는 분석이다. 통상 에너지 및 탄소배출권 시장의 공급곡선은 수직선에 가까워 여타 시장과 비교하면 가격 변동성이 크다.

탄소배출권거래제도는 기본적으로 시장-메커니즘을 이용해 온실가스를 줄이는 감축 옵션 중에 하나다. 시장-메커니즘은 탄소배출권의 시장 논리를 기반으로 한다. 여타 금융시장과 마찬가지로 탄소배출권 시장 또한 수급에 의해서 탄소배출권 가격이 결정되는 구조다.

탄소배출권 시장은 국가 온실가스 감축 정책과 제도에 의해 만들어진 시장으로 시장 실패를 방지하기 위해 다양한 보완장치들이 마련되어 운영되고 있다. 본 장에서는 탄소배출권 시장 관점에서 다양한 수요 측 요인들과 공급 측 요인들을 살펴보고자 한다.

탄소배출권 수요 측 요인

1. 에너지가격

탄소배출권은 대표적인 화석연료 사용에 대한 부산물로 천연가스와 석탄 간의 가격수준에 의해서 탄소배출권의 가격수준이 결정된다. 탄소배출권 시장에서 전력회사가 차지하는 비중은 유럽의 경우 60.0%, 우리나라는 45.0%로 높은 비중을 차지하고 있다. 특히 발전방식에 있어 석탄발전과 가스 발전 간에 선택에 있어 에너지가격 수준은 매우 중요하다.

석탄가격은 천연가스가격보다 저렴함에 따라 일반적으로 석탄발전 방식을 선택하게 된다. 그러나 온실가스 감축정책에 따라 배출허용치가 강제될 경우 탄소배출권 가격수준을 감안해 발전방식을 결정해야 한다.

즉, 천연가스가격이 높을 때는 전력회사들이 석탄을 이용하게 되고 이는 탄소배출권 수요가 증가해 탄소배출권 가격이 상승하게 된다. 반대로 천연가스가격이 석탄가격 대비 낮게 형성될 경우 탄소배출권 수요 감소는 탄소배출권 가격하락으로 이어지는 결과를 낳는다.

따라서 전력회사들은 화석연료 가격수준에 탄소배출권 가격을 감안해 전력을 생산, 공급하게 된다. 이론 탄소배출권 가격은 전력생산에 있어 석탄과 천연가스 선택에 있어 무차별해지는 수준의 가격으로 전환가격(Fuel Switching Price)이 된다.

[자료 3-1] 전력 및 에너지시장 가격

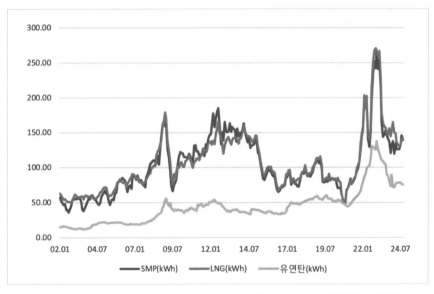

출처 : NAMU EnR 금융공학 & 리서치센터, KPX

2. 기후변화

기후변화 역시 에너지 가격수준과 같이 단기적으로 탄소배출권 가격에 영향을 미치는 요인이다. 폭염의 경우 냉방수요가 증가해 전력수요가 증가하게 되면, 에너지 사용량의 증가로 탄소배출량이 증가하게 된다.

또한 혹한의 경우도 난방수요 증가는 전력수요의 증가로 이어짐에 따라 탄소배출권의 수요 증가 시 배출권 가격상승으로 이어지게 된다. 강수량 및 풍량의 경우 신재생에너지 발전에 영향을 미치게 된다. 풍부한 강수량(풍량)은 수력발전의 증가하면 배출권 수요가 감소해 탄소배출권 가격을 하락시킨다.

3. 경기 펀더멘털

경기호황 또는 불황의 경우, 에너지 사용 증가와 감소로 직결됨에 따라 탄소배출권 가격에 영향을 미치게 된다. 경기 호황 및 불황과 관련한 거시경제변수는 종합주가지수, GDP 증가율 및 물가 등에 의해서 판단된다.

[자료 3-2] 실질 GDP vs 국가 GHG

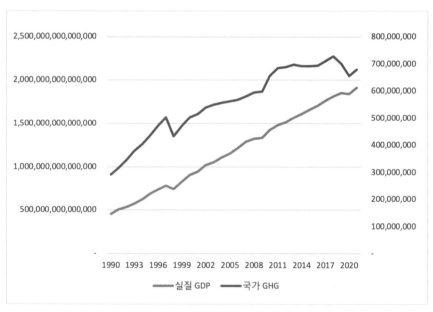

출처 : NAMU EnR 금융공학 & 리서치센터, GIR, BOK

가장 핵심적인 지표인 정책금리 수준이 경기 상황을 판단하는 데 매우 중요한 지표가 된다. 경기 호황기에는 수출 및 생산의 증가로 에너지 사용량이 증가하면서 배출권 수요 증가가 배출권의 가격상승으로 이어지게 된다. 또한 금리 수준은 온실가스 감축 프로젝트의 원가인 한계감축비용에도 양(+) 영향을 끼친다.

4. 온실가스 감축기술 진보

온실가스 감축 기술에 대한 진보 및 저탄소기술이 도입될 경우 동일한 경제성장에도 불구하고 탄소배출량은 줄어들게 되어 탄소배출권 수요감소는 탄소배출권 가격하락으로 이어지게 된다. 에너지 효율을 높일 수 있는 다양한 기술개발과 생산공정은 중장기 관점하에서 탄소배출권 가격하락요인이 된다.

5. 온실가스 한계감축비용

한계감축비용(MAC, Marginal Abatement Cost)은 온실가스 감축 프로젝트를 통해 온실가스 1단위를 줄이는 데 소요되는 투자비용($\pm MAC = \pm NPV/CO_2$감축량)으로 정의된다.

또한 이들 온실가스 감축프로젝트들의 포트폴리오는 수요곡선으로 해석할 수 있다. 순현재가치(NPV, Net Present Value)는 각종 감축 프로젝트들에 대해서 현재의 금리 수준으로 평가한 값이다. 평가 시점에서 시중금리가 상승할 경우 한계감축비용은 상승하고 반대로 금리가 하락하면 하락한다.

[탄소차액계약제도(CCfDs) 이해]

2050년 탄소중립에 이어 2030 국가 온실가스 감축 목표(NDC)의 상향 조치로 환경·에너지 분야는 그 어느 때보다도 관심이 높은 상태입니다. 국가 온실감축 목표에 대한 구체적인 감축량이 설정된 만큼 현실적이고 실현 가능한 감축 프로젝트들에 대해서 정부 차원의 적극적 지원이 필요합니다.

고비용·저탄소 프로젝트 투자를 촉진하기 위한 정책으로 영국과 네덜란드, 독일은 에너지, 철강, 화학, 시멘트 업종에 대해 탄소차액계약제도(CCfDs, Contracts for Differences)을 추진하고 있습니다.

최근 들어 독일 연방 경제에너지부(BMWi)는 올해부터 2024년까지 철강산업 분야 탈탄소화 전환을 위해 연방 경제에너지부와 연방 환경부(BMU)를 중심으로 기존의 예산에 50억 유로의 추가 재원조달을 결정했습니다.

여기에 국가수소전략의 일환으로 철강과 화학 산업의 탄소 배출 공정을 대상으로 한 탄소차액계약제도 프로그램에 총 5억 5,000만 유로를 지원하고 있습니다.

탄소차액계약제도는 온실가스 감축프로젝트 비용과 탄소배출권 시장가격 간의 차액을 지원해주는 제도입니다. 할당대상업체들은 자체 온실가스 감축프로젝트에 한계감축비용(온실가스 1톤을 줄이는 데 소요되는 비용)과 탄소배출권 시장가격을 비교해 대응하게 됩니다.

한계감축비용이 탄소배출권 시장가격보다 저렴하면 감축 투자를 진행하고 반대인 경우는 탄소배출권 시장에서 매입해 제도대응을 하게 됩니다. 하지만 현실적으로 온실가스 감축효과는 탁월하나 단위당 온실가스 감축비용이 큰 프로젝트들에 대해서는 적극적인 투자가 어렵습니다.

탄소차액계약제도의 핵심내용은 온실가스 감축 프로젝트의 한계감축비용이 탄소배출권 시장가격보다 높은 경우 정부가 이에 상응하는 비용을 지원해주는 제도로, 감축 투자 진행에 있어 역마진에 해당하는 비용을 보전해주게 됩니다.

이러한 고비용·저탄소 프로젝트들에 대한 투자 유인을 통해 탄소중립 목표를 달성하고자 주요국들은 정부 보조금 정책 중 탄소차액계약제도를 마련하고 있습니다. 하지만 탄소차액계약제도의 안착을 위해서는 대규모 장기 투자인 만큼 투자 재원이 필요합니다.

2015년 1월 개장한 국내 탄소배출권 시장은 3차 계획기간을 거치면서 시장 안정화를 위한 유상 물량공급과 유상 경매수익금이 2022년 9월 현재, 누적기준으로 1조 1,408억 원에 달하고 있습니다.

제1차 계획기간의 시장 안정화 물량공급에 따른 경매수익금은 1,093억 원, 제2차 계획기간 중에 시행한 유상할당의 경매수익금은 1조 315억 원 규모로, 이를 온실가스 감축 프로젝트에 대한 재투자 관점에서 온실가스 다배출 업종을 대상으로 적극적인 지원이 요구됩니다.

〈한경닷컴 The Moneyist〉
김태선 NAMU EnR 대표이사 | Carbon Market Analyst

[자료 3-3] 탄소배출권 수요요인

구분	가격 영향	반영 기간
할당량(공급) 〈 인증량(수요)	상승	중기
에너지가격상승	상승	단기
기후변화(혹한, 폭염)	상승	단기
경기 펀더멘털(호황)	상승	중기
한계감축비용(증가)	상승	장기

출처 : NAMU EnR 금융공학 & 리서치센터

탄소배출권 공급 측 요인

1. 할당량

탄소배출권 시장에 할당량은 대표적인 공급요인이다. 적은 할당량은 공급 감소로 탄소배출권 가격을 상승하게 하고, 할당량이 많으면 공급의 증가로 탄소배출권 가격은 하락하게 된다. 할당량 결정은 정부의 온실가스 감축정책 및 목표수준에 따라 결정되는 만큼 국가할당 계획발표 시 할당 강도에 따라 탄소배출권의 가격은 급등락으로 이어진다.

탄소배출권거래제(ETS)하에서 할당량에 대한 과대 또는 과소의 평가 기준은 사전적 기준에 따라 배출량 전망치(BAU, Business-as-Usual)와 할당량 수준을 대비해 평가할 수 있으나 통상적으로 사후적 관점에서 접근하는 것이 일반적이다.

즉, 할당량 대비 인증 배출량의 관점에 할당량의 과대 또는 과소를 평가한다. 할당량이 인증 배출량보다 큰 경우 과대할당되었다고 평가하게 된다. 과대할당은 수요 측면의 대표적인 요인인 경기침체와 맞물려 탄소배출권 가격을 하락시키기도 한다.

[자료 3-4] 최종할당량 vs 인증배출량

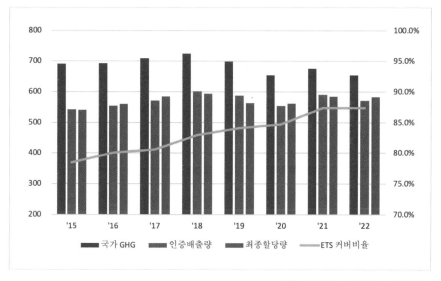

출처 : NAMU EnR 금융공학 & 리서치센터

2. 유상할당 경매시장

탄소배출권 시장은 해당 국가의 온실가스 감축정책 및 목표에 따라 매우 다양한 형태로 운영되고 있다. 특히 개장 초기에는 시장 실패를 방지하기 위해 무상할당을 중심으로 제도가 운영된다. 이후 할당대상업체들의 적응 기간을 거치면서 유상할당의 비율을 증가시킨다. 이에 따라 탄소배출권 시장은 본격적인 시장-메커니즘이 작동되게 된다.

유상할당 물량은 경매시장을 통해 공급되게 된다. 따라서 현물시장의 가격 수준을 반영해 경매시장에서 낙찰가격이 결정되고 경매물량 조절로 수급불균형을 개선시키기도 한다. 응찰물량(수요)과 입찰물량(공급)에 따라 낙찰가격이 결정된다.

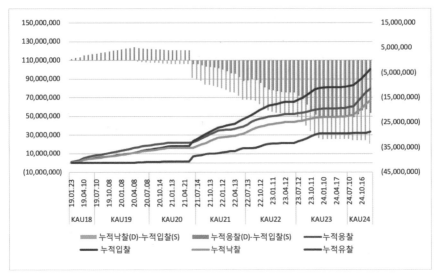

출처 : NAMU EnR 금융공학 & 리서치센터, KRX

3. 이월제도

금기 이행기간 동안 탄소배출권이 남을 경우, 잉여분에 대해서 차기 이행기간으로 탄소배출권을 넘길 수 있다. 금기 잉여분을 차기 이행기간으로 넘길 경우 금기의 탄소배출권 공급부족으로 이어지면서 탄소배출권 가격은 상승하게 된다. 탄소배출권의 이월은 비탄력적인 공급곡선을 좌측으로 이동시켜 탄소배출권의 가격상승을 촉발한다.

4. 상쇄제도

탄소배출권 시장에서 할당대상업체의 온실가스 배출 감축 목표달성과 배출활동에 따른 배출권 제출 시 배출권 거래 외에도 다양하고 유연한 방법론들을 제시하고 있는데 이를 유연성 메커니즘이라고 한다.

이월, 차입, 조기감축실적 인정기준과 더불어 상쇄제도를 꼽을 수 있다. 상쇄제도는 할당대상업체의 조직경제 외부에서 발생한 외부감축실적(KOC, Korea Carbon Credits)을 보유 또는 취득한 경우, 전부 또는 일부를 배출권으로 전환해 배출권 시장에서 거래하거나 제출할 수 있다.

할당량 이외에 탄소배출권 시장에 추가로 상쇄배출권이 공급됨에 따라 탄소배출권의 가격하락요인으로 작용한다. 상쇄배출권의 제출한도는 할당대상업체별로 주무관청에 제출해야 하는 배출권의 5.0% 이내로 제한되어 있다.

[자료 3-6] 탄소배출권 공급요인

구분	가격 영향	반영 기간
할당량(공급) 〉 인증량(수요)	하락	중기
이월량 제한조치	하락	중기
유상할당 경매물량 증가	하락	단기
시장 안정화조치 발동	하락	단기
상쇄배출권 유입	하락	중기

출처 : NAMU EnR 금융공학 & 리서치센터

[탄소배출권(KAU) 시장 안정화조치(MSR) 기준]

■ 시장 안정화조치(MSR, Market Stability Reserve)

탄소배출권 시장 안정화조치는 '온실가스 배출권의 할당 및 거래에 관한 법률' 제23조와 시행령 제38조에 따라 직전 2개년 거래량 가중평균 가격인 준거가격을 산정해 상단과 하단을 결정한다.

■ 발동 조건

• 상단 조건

배출권 가격이 6개월 연속으로 직전 2개 연도 평균가격보다 3배 이상으로 높게 형성될 경우

최근 1개월 평균 거래량이 직전 2개 연도의 동월 평균 거래량 중 많은 경우보다 2배 이상 증가하고 최근 1개월 평균가격이 직전 2개 연도 평균가격보다 2배 이상 높은 경우

• 하단 조건

최근 1개월 평균가격이 최근 2개 연도 이동평균가격보다 100분의 70 이상 낮은 경우

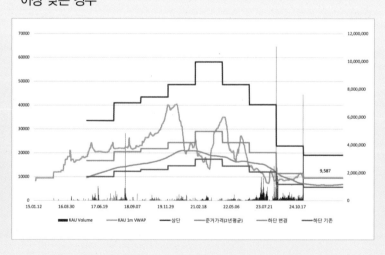

- 수급 조건

  배출권 공급이 수요보다 현저하게 부족해 배출권 거래가 어려운 경우

■ **유상 경매시장**(KAU Auction Market)**과 시장 안정화조치**(MSR) **연계**

- 할당배출권(KAU) 가격상승 시기

  유상 경매 물량 확대(시행일 기준 5거래일 이전 공지)

  발동기간 중에 시행되는 유상할당 경매 수량의 100% 이내

- 할당배출권(KAU) 가격하락 시기

  유상 경매 물량 축소(시행일 기준 5거래일 이전 공지)

  발동기간 중에 시행되는 유상할당 경매 수량의 100% 이내

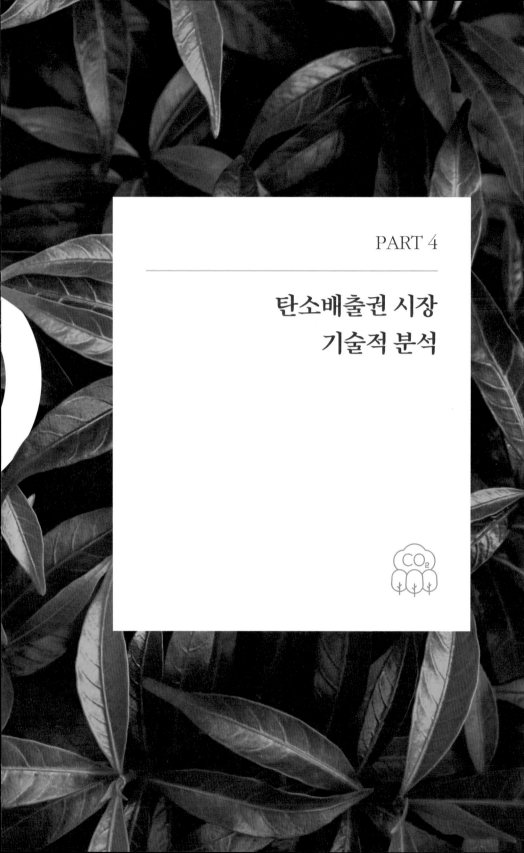

PART 4

탄소배출권 시장
기술적 분석

PART 4
탄소배출권 시장 기술적 분석

기술적 분석은 과거 가격, 거래량, 미청산잔고 등의 차트를 이용해 매수 및 매도강도를 파악해 앞으로의 가격추세를 예측하려는 행위를 말한다.

기술적 분석의 기본 전제는 첫째, 시장의 가격 움직임은 모든 것을 반영하고 둘째, 가격은 추세를 가지고 움직이며 셋째, 역사는 반복된다는 것을 가정으로 한다. 기술적 분석에서 대표적인 이론은 다우이론과 엘리엇 파동이론이 대표적이다.

다우이론은 1884년 찰스 다우(Charles H. Dow)가 주식시장의 변동과 주가분석, 전망 등에 관해 신문에 썼던 250편이 넘는 사설을 바탕으로 체계화한 이론이다. 다우이론은 주가의 움직임과 주식시장의 반복되는 패턴 또는 추세를 분석해 체계적으로 정리한 것으로, 주가예측에 있어 기술적 분석의 시초가 된 이론이다. 추세를 단기추세, 중기추세, 장기추세로 구분했다. 중기추세의 최저점이 이전 장기추세의 최저점보다 높으면 장기추세는 상승국면을, 중기추세의 최고점이 이전 장기추세의 최고점을 넘지 못하면 장기추세는 하향국면을 예상하는 이론이다.

한편 엘리엇 파동이론은 랠프 넬슨 엘리엇(Ralph Nelson Elliott, 1871~1948)이 1938년 《파동이론(The Wave Principle)》이라는 저서를 통해 발표한 이론이다. 엘리엇 파동이론은 기본적으로 패턴, 비율, 시간이라는 세 가지 요인을 기반에 두고 있으며, 그중 패턴을 가장 중요하게 여긴다. 주가의 변동은 상승 5파와 하락 3파로 움직이며 끝없이 순환하면서 시장의 추세를 이어간다는 이론이다.

본 장에서 이러한 기술적 분석이론을 바탕으로 가장 핵심이 되는 분석 지표인 이동평균선(MA, Moving Average), 상대강도지수(RSI, Relative Strength Index), MACD(Moving Average Convergence Divergence), 볼린저 밴드(Bollinger Band)에 대한 정의와 활용 방법을 살펴본다.

이동평균선

이동평균선(MA, Moving Average)은 일정 기간의 가격 평균을 연결해 만든 선으로, 가격변동의 흐름을 부드럽게 표시해 현재 가격의 방향성을 파악하는 지표다. 이동평균선의 종류는 단기(5일, 10일), 중기(20일), 장기(60일, 120일) 이동평균선 등으로 나눌 수 있으며, 이동평균선의 기간 설정은 투자자의 매매 패턴과 투자 성향에 따라 설정된다.

5일 이동평균선(5일 MA) = 5일 종가의 합 / 5일

활용 방법은 이동평균선이 상승할 때는 상승 추세를, 하락할 때는 하락 추세를 의미한다. 단기 이동평균선이 장기 이동평균선을 상향 돌파하는 골든 크로스는 매수 신호로, 반대로 단기 이동평균선이 장기 이동평균선을 하향 돌파하는 데드크로스는 매도 신호로 해석된다.

5일 이격도(%) = 당일 종가 / 당일 5일 이동평균 값 × 100

이격도는 종가와 이동평균선 간의 괴리 정도를 보여주는 지표로 당일 종가를 이동평균치로 나눈 백분율이다. 이격도가 100%면 주가와 이동평균선은 일치하고 있는 것이며, 100% 이상이면 당일의 주가가 이동평균선보다 위에, 100% 이하면 아래에 위치한 상태를 의미한다. 따라서 이격도가 100% 이상이면 단기적으로는 강세장을 의미하고 반대로 이격도가 100% 이하면 단기적 약세장을 뜻한다.

[자료 4-1] 탄소배출권(KAU) 이동평균선

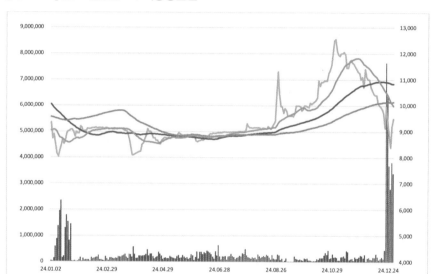

출처 : NAMU EnR 금융공학 & 리서치센터, KRX

상대강도지수

상대강도지수(RSI, Relative Strength Index)는 주식, 선물, 옵션 등의 기술적 분석에 사용되는 보조지표로 RSI는 가격의 상승압력과 하락압력 간의 상대적인 강도를 나타낸다. 특정기간 동안 가격상승 폭과 하락 폭의 비율로 통상 14일 상대강도지수(RSI)를 적용한다. 주가의 상승압력과 하락압력을 비교해 현재 주식이 과매수 또는 과매도 상태인지 보여주는 지표다. 0에서 100 사이의 값으로 표시된다.

$$RSI = 100 - [100 / (1 + 평균 \, 상승 \, 폭 / 평균 \, 하락 \, 폭)]$$

활용 방법은 일반적으로 RSI가 70 이상일 때는 과매수 상태로 매도 신호를, RSI가 30 이하일 때는 과매도 상태로 매수 신호를 나타낸다. 과매수 및 과매도 수준을 확인하고자 할 때 사용되며, 추세가 강한 종목보다는 변동성이 높은 종목에서 유용하다.

[자료 4-2] 탄소배출권(KAU) 상대강도지수

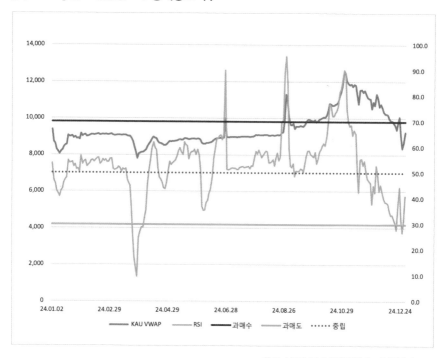

출처 : NAMU EnR 금융공학 & 리서치센터, KRX

 **MACD**

MACD(Moving Average Convergence Divergence)는 가격 추세를 예측하고 매수 및 매도 신호를 생성하는 데 널리 사용되고 있다. 단기 및 장기의 이동평균선의 차이를 활용해 주가의 방향성을 예측하는 지표로, 주가 흐름을 파악하는 데 유용하다. 일반적으로 MACD는 단기 이동평균선(12일 이동평균선)과 장기 이동평균선(26일 이동평균선)의 차이로 산정되며, 시그널선(9일 이동평균선)을 이용한다. 산식에 이용되는 이동평균값은 지수이동평균(EMA, Exponential Moving Average)을 이용한다.

MACD = 12일 지수이동평균선 - 26일 지수이동평균선

시그널 MACD = MACD의 9일 지수이동평균선

MACD가 시그널선을 상향 돌파할 때는 매수 신호로, 하향 돌파할 때는 매도 신호로 해석된다. MACD 히스토그램은 MACD와 시그널선의 차이를 막대그래프로 표시해 추세의 강도를 파악할 수 있다. 매수 신호는 상승 MACD가 시그널

선을 교차할 때(히스토그램이 음수에서 양수로 변할 때) 보낸다. 그러나 매도 신호는 하락 MACD가 시그널선을 교차할 때(히스토그램이 양수에서 음수로 변할 때) 보낸다.

[자료 4-3] 탄소배출권(KAU) MACD

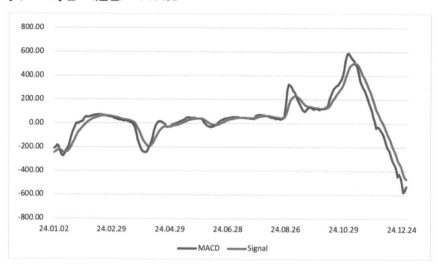

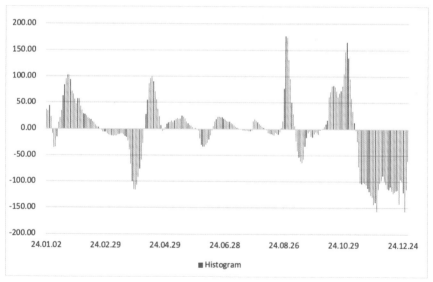

출처 : NAMU EnR 금융공학 & 리서치센터, KRX

볼린저 밴드

볼린저 밴드(Bollinger Bands)는 주가의 변동이 표준정규분포 함수에 따른다고 가정한다. 이동평균선을 추세중심선으로 사용하며 상하한 변동 폭은 추세 중심선의 표준편차로 계산되며 가격 변동성 분석과 추세분석을 동시에 수행한다. 또한 주가가 상한선과 하한선을 경계로 등락을 거듭하고 주가의 95% 이상 볼린저 밴드 내에서 수렴과 발산을 반복하며 형성한다는 것을 전제로 한다.

주가의 평균값과 변동성을 함께 고려해 주가가 움직일 수 있는 범위를 예측하는 지표다. 주가의 20일 이동평균선을 기준으로, 상단과 하단에 각각 표준편차를 반영해 밴드를 설정한다.

> 볼린저 밴드 상단 : 20일 이동평균선 값 + (20일 동안 주가 표준편차 값) × 2
> 볼린저 밴드 하단 : 20일 이동평균선 값 − (20일 동안 주가 표준편차 값) × 2

[표준정규분포 및 표준편차]

■ **표준정규분포**

표준정규분포는 평균이 0이고 분산이 1인 정규분포 N(0,1)을 표준정규분포라 한다.

$$f(x) = \frac{1}{\sqrt{2\pi}\sigma} e - \frac{(x-\mu)^2}{2\sigma^2}, \quad -\infty < x < \infty$$

■ **표준편차**

표준편차는 평균에서 얼마나 떨어져 있는지를 나타내는 통계치로 표준편차가 작으면 평균과 가깝다는 것을 의미하며 반대로 표준편차가 크면 평균에서 멀다는 의미다.

$$s = \sqrt{\frac{\sum(x - \bar{x})^2}{n - 1}}$$

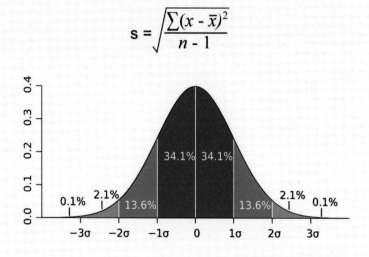

볼린저 밴드 상단과 하단이 일정 기간에 연속적으로 수평으로 평행을 이루고 있고, 밴드의 폭이 좁을 때를 박스권으로 판단한다. 주가가 볼린저 밴드 상단에 닿을 때는 과매수 상태로, 하단에 닿을 때는 과매도 상태로 해석한다.

[자료 4-4] 탄소배출권(KAU) 볼린저 밴드

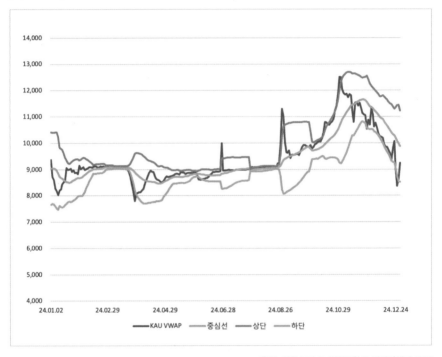

출처 : NAMU EnR 금융공학 & 리서치센터, KRX

[기술적 분석 보조지표 종류]

기술적 분석에 있어 보조지표들은 크게 추세 지표, 모멘텀 지표, 변동성 지표, 시장강도 지표로 구분된다.

■ 추세 지표

추세를 간단히 정의하자면 일정한 방향을 갖는 가격의 흐름이라고 할 수 있다. 시장 상황을 크게 하락 추세, 상승 추세, 횡보로 나눌 수 있고 한번 추세가 결정되면 그 방향성이 일정기간 지속되는 경향이 있다. 대표적인 추세 지표로는 이동평균선, MACD, DMI, ADX, ROC, Pivot Line 등이 있다.

■ 모멘텀 지표

모멘텀은 물리학 용어로 동력을 뜻하며 물체가 한 방향으로 지속적으로 변화하려는 경향을 의미한다. 추세지표는 현재 추세의 방향과 강도를 나타내는 반면 모멘텀 지표는 주가 추세의 속도가 증가하는지, 감소하는지를 나타내는 지표라고 할 수 있다. 대표적인 모멘텀 지표로는 RSI, Stochastic, CCI, 이격도, P&F, 투자심리선, SONAR, Williams %R, 삼선전환도 등이 있다.

■ 변동성 지표

변동성 지표는 최근 가격의 변동성을 시각화한 지표로 시장 위험을 알 수 있는 지표다. 변동성이 큰 국면에 해당할 경우 위험관리 및 관망하는 대응전략을 구사하는 데 필요한 지표다. 또한 장기 평균 변동성을 기준으로 익절 또는 손절 대응전략을 구축할 수 있다. 대표적인 변동성 지표는 볼린저 밴드, TR, ATR, Envelope, Keltner Channels, S&P500 VIX 등이 있다.

■ 시장강도 지표

시장강도 지표는 현재의 가격을 결정하는 강도가 얼마나 강한지를 나타내는 지표로 거래량 데이터를 기반으로 생성된다. 대규모 거래량이 수반되었다면 시장강도가 높아 신뢰성이 높다. 대표적인 시장강도 지표로는 거래량, 거래량 이동평균선, 거래대금, 매물대 차트, OBV, MFI, Volume Oscillator, Volume Ratio, AD Line, EOM, PVT 등이 있다.

PART 5

탄소배출권
현물이론가격
결정요인

PART 5
탄소배출권 현물이론가격 결정요인

탄소시장은 크게 규제적 탄소배출권 시장(CCM, Compliance Market)과 자발적 탄소크레딧 시장(VCM, Voluntary Carbon Market)으로 구분된다.

규제적 탄소시장이란 국가나 기업 등이 국제조약이나 정부 규제에 의한 감축의무를 달성하기 위해 탄소배출권을 거래하는 시장을 의미한다. 반면, 자발적 탄소시장은 정부나 규제 기관의 직접적인 감독을 수반하지 않는 시장 중심의 자율적 구조를 취하는 시장이다.

규제적 탄소배출권 현물시장의 이론가격은 전력 및 화석연료(석탄, 가스) 가격에 의해서 결정된다. 한편 자발적 탄소크레딧 시장은 매우 다양한 온실가스 감축 프로젝트 또는 감축 제품에 의해서 결정된다. 본 장에서는 양 시장에 대한 가격 결정요인들을 살펴보고자 한다.

규제적 탄소배출권 시장

규제적 탄소배출권 시장의 가격결정 요인은 매우 다양한 요인들에 의해서 결정되고 있다. 여러 요인 중 가장 핵심이 되는 시장은 전력시장, 석탄시장, 가스시장 등의 에너지시장이다. 특히 전력을 생산하는 발전회사의 경우 화석연료에 기반한 발전 비중이 매우 높은 관계로 전력가격, 석탄가격, 가스가격, 탄소배출권 가격 간의 연관성이 매우 높다.

1. 급전 순위

석탄가격은 천연가스가격보다 저렴함에 따라 일반적으로 석탄발전 방식을 선택하게 된다. 그러나 온실가스 감축정책에 따라 배출허용치가 강제될 경우 탄소배출권 가격수준을 감안해 발전방식을 결정해야 한다.

즉, 천연가스가격이 높을 경우에는 전력회사들이 석탄을 이용하게 되고 이는 탄소배출권 수요가 증가해 탄소배출권의 가격이 상승하게 된다. 반대로 천연가스가격이 석탄가격 대비 낮게 형성되면 탄소배출권 수요 감소는 탄소배출권 가격하락으로 이어지는 결과를 낳는다.

따라서 전력회사들은 화석연료 가격수준에 탄소배출권의 가격을 감안해 전력을 생산, 공급하게 된다. 전통적인 전력시장에서 급전 순위를 결정하는 것은 연료비가 핵심인 단기 변동비용(한계비용)이었는데, 탄소배출권거래 제도가 도입되면서 탄소배출권 가격이 새로운 변수로 대두되었다. 이에 따라 전통적인 변동비용에 탄소배출권 가격이 더해진 변동비용이 급전 순위(Merit Order)를 결정하는 기준이 되었다.

2. 탄소배출권 이론가격

탄소배출권 이론가격은 석탄과 가스 간의 연료전환 가격으로 정의된다. 전력시장에서 화석연료인 석탄발전과 가스발전의 비중은 50%대로 높은 비중을 차지하고 있다. 석탄과 가스 간의 연료전환은 탄소배출권 가격 수준에 의해서 결정된다. 따라서 탄소배출권 가격은 석탄과 가스 간의 차익거래가 균형가격 수준의 이론가격을 결정하게 된다.

독일의 경우, 약 900여 곳의 발전회사가 전력을 공급하고 있어 전략시장 및 에너지시장에서 결정되는 가격은 완전경쟁시장에 가깝다. 이로 인해 석탄가격 및 가스가격, 그리고 탄소배출권 가격수준에 따라 전력공급을 위한 급전 순위는 빠르게 반응한다.

$$\text{석탄과 가스 간 연료전환 가격} = \frac{\text{가스 가격} - \text{석탄 가격}}{\text{석탄 탄소배출계수} - \text{가스 탄소배출계수}}$$

석탄과 가스 간 연료전환 가격(C-to-G FSP, Coal-to-Gas Fuel Switching Price)과 가스가격 수준을 알 때 석탄가격의 환산식은 [가스가격-(석탄배출계수-가스배출계수)×연료전환가격]을 이용해서 석탄가격을 환산한다. 반대로 석탄가격을 알면 가스가격의 환산식은 [석탄가격-(석탄배출계수-가스배출계수)×연료전환가격]으로 가스가격 수준을 파악할 수 있다.

[자료 5-1] 석탄가격 및 가스가격

출처 : NAMU EnR 금융공학 & 리서치센터, KPX

3. 석탄과 가스 간 연료전환 가격산정

석탄과 가스 간 연료전환은 전환부문, 즉 전력회사 입장에서 바라본 전력생산라인의 포트폴리오 관점에서 탄소배출권의 이론가격으로 해석된다. 연료전환 가격산정을 위해서는 석탄가격과 가스가격을 전력 단위로 환산한 후에 톤당 가격으로 계산하게 된다.

따라서 석탄가격은 톤당 또는 열량단위(MMBtu)로 거래됨에 따라 톤에서 열량
단위(MMBtu)로 환산한 후 전력 단위인 MWh로 환산해야 한다. 가스가격 또한
열량단위(MMBtu) 호가를 MWh로 환산해 계산하게 된다.

석탄가격(MWh) : 41.56/MWh
가스가격(MWH) : 95.23/MWh

석탄 탄소배출계수(CO₂ Rate) : 0.86 tCO₂/MWh
가스 탄소배출계수(CO₂ Rate) : 0.36 tCO₂/MWh

석탄과 가스 간 연료전환 가격 : 107.34/tCO₂

4. 석탄, 가스 및 탄소배출권 간 차익거래

석탄과 가스 간 연료전환은 석탄가격, 가스가격, 탄소배출권 가격 간의 균형
을 의미하는 가격이다. 따라서 이들 간의 불균형은 저평가된 가격은 매수하고
고평가된 가격은 매입해 다시 적정균형을 찾게 된다.

석탄과 가스 간 연료전환 가격(탄소배출권 이론가격)이 톤당 107.34유로이고 반
면에 탄소배출권 시장에서 호가되는 가격이 톤당 98.54유로인 경우를 보자. 이
때는 이론가격 대비 시장가격은 8.20% 저평가된 상태로 탄소배출권을 매입하
거나 가스를 매도해 불균형을 해소하게 된다.

가스가격이 MWh당 95.23유로인 상태에서 탄소배출권 이론가격이 탄소배

출권 시장가격으로 수렴하기 위해서는 가스가격이 MWh당 90.93유로로 하락하게 되면 차익거래기회가 사라지게 된다. 반대로 석탄가격이 MWh당 41.56유로에서 45.96유로로 상승하게 되면 역시 차익거래는 없게 된다. 결국 탄소배출권 시장가격의 저평가 해소를 위해서는 가스 매도, 석탄 매입, 탄소배출권 매입 대응이 유효하게 된다.

5. 전력 및 에너지시장 투자지표

(1) 더티 다크 스프레드(DDS, Dirty Dark Spread)

더티 다크 스프레드(Dirty Dark Spread)는 전력가격과 석탄가격 간의 차이로 정의된다. 더티 다크 스프레드 값이 클수록 석탄발전을 통한 발전이익은 크다는 것을 의미한다.

> • 더티 다크 스프레드/MWh = 전력가격/MWh – 석탄가격/MWh

(2) 더티 스팍 스프레드(DSS, Dirty Spark Spread)

더티 스팍 스프레드(Dirty Spark Spread)는 전력가격과 가스가격 간의 차이로 정의된다. 더티 스파크 스프레드 값이 클수록 가스발전을 통한 발전이익은 크다는 것을 의미한다.

> • 더티 스팍 스프레드/MWh = 전력가격/MWh – 가스가격/MWh

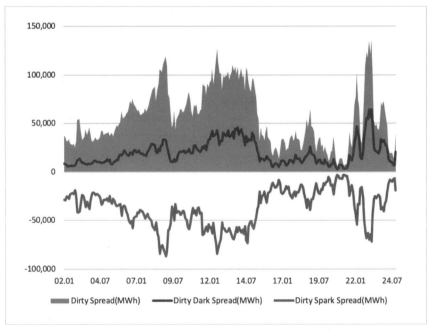

출처 : NAMU EnR 금융공학 & 리서치센터, KPX

(3) 크린 다크 스프레드(CDS, Clean Dark Spread)

크린 다크 스프레드(Clean Dark Spread)는 전력가격에서 석탄가격과 탄소배출권 가격을 차감한 스프레드로 더티 다그 스프레드(DDS) 값에서 환경 비용인 탄소배출권을 차감한 값으로 정의된다. 탄소배출권의 비용 반영됨에 따라 발전이익은 그만큼 축소된다.

> • 크린 다크 스프레드/MWh = 전력가격/MWh-석탄가격/MWh-배출권가격/MWh

(4) 크린 스팍 스프레드(CSS, Clean Spark Spread)

크린 스팍 스프레드(Clean Spark Spread)는 전력가격에서 가스가격과 탄소배출권 가격을 차감한 스프레드로 더티 스팍 스프레드(DSS) 값에서 환경 비용인 탄소배출권을 차감한 값으로 정의된다. 탄소배출권의 비용 반영됨에 따라 발전이익은 그만큼 축소된다.

> • 크린 스팍 스프레드/MWh = 전력가격/MWh-가스가격/MWh-배출권가격/MWh

[자료 5-3] CDS vs CSS

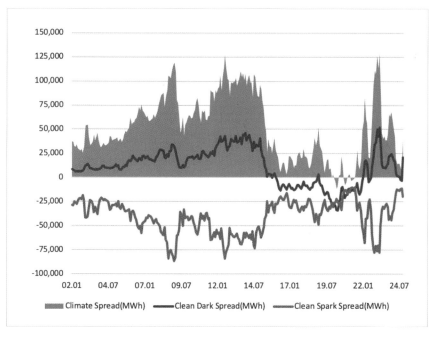

출처 : NAMU EnR 금융공학 & 리서치센터, KPX

(5) 클라이밋 스프레드(CS, Climate Spread)

클라이밋 스프레드(Climate Spread)는 크린 다크 스프레드에서 크린 스팍 스프레드를 차감한 스프레드로 클라이밋 스프레드가 양(+) 값을 보이면 환경비용(탄소배출권 가격)을 감안한 상태에서 석탄발전에서 발전이익을 보고 있다는 의미로 해석된다. 반대로 클라이밋 스프레드 값이 음(-) 값을 보이면 환경비용(탄소배출권 가격)을 감안한 상태에서 가스발전에서 발전이익을 보고 있다는 의미로 해석된다.

> • 클라이밋 스프레드/MWh = 크린 다크 스프레드/MWh-크린 스팍 스프레드/MWh

[자료 5-4] CS vs C-to-G FSP

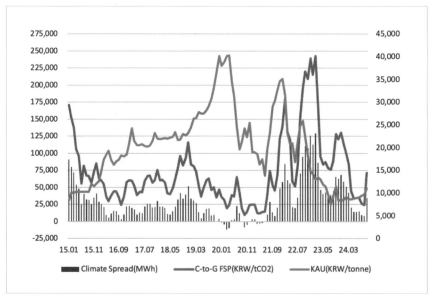

출처 : NAMU EnR 금융공학 & 리서치센터, KPX

(6) 그린 스프레드(GS, Green Spread)

그린 스프레드(Green Spread)는 신재생에너지 시장과 연계된 수익지표로 신재생에너시장의 특성을 반영한 지표로 전력가격과 공급인증서(REC) 가격을 합한 것으로 산정된다.

> • 그린 스프레드/MWh = 전력가격/MWh + 신재생에너지 공급인증서/MWh

[자료 5–5] CDS vs CSS

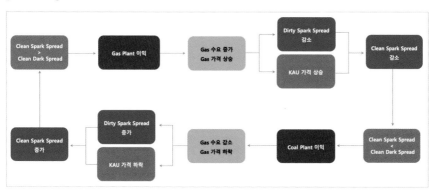

출처 : NAMU EnR 금융공학 & 리서치센터

[자료 5-6] 탄소배출권(KAU) 시장전문가(5인) 점도표 가격전망 컨센서스

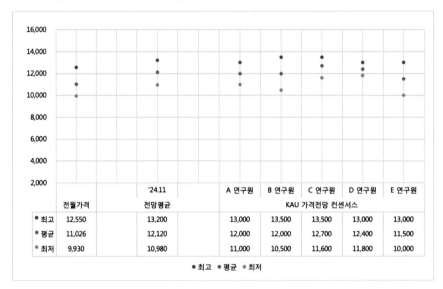

	전월가격	'24.11 전망평균	A 연구원	B 연구원	C 연구원	D 연구원	E 연구원
					KAU 가격전망 컨센서스		
● 최고	12,550	13,200	13,000	13,500	13,500	13,000	13,000
● 평균	11,026	12,120	12,000	12,000	12,700	12,400	11,500
● 최저	9,930	10,980	11,000	10,500	11,600	11,800	10,000

● 최고   ● 평균   ● 최저

출처 : NAMU EnR 금융공학 & 리서치센터, KRX

[전력 및 에너지시장 투자지표]

전력 및 에너지시장의 투자지표는 화석연료 가격수준을 감안한 투자
지표다. 최근에는 환경비용인 탄소배출권 비용을 반영해 전력생산에
대한 영업마진을 분석하는 데 활용되고 있다. 또한 RE100 캠페인이
활성화되면서 그린 스프레드(Green Spread)에 대한 분석도 병행해 투자의
사 결정을 하는 등 다양한 지표들이 분석되고 있다.

· 전력가격/MWh : 217,119원/MWh
· 석탄가격/MWh : 152,661원/MWh
· 가스가격/MWh : 289,212원/MWh
· 공급인증서가격/MWh : 64,500원/MWh

· 탄소배출권 가격/tCO₂ : 13,024원/tCO₂
· 석탄 탄소배출계수tCO₂/MWh = 0.97303tCO₂/MWh
· 가스 탄소배출계수tCO₂/MWh = 0.41107tCO₂/MWh

1. Dirty Dark Spread/MWh
+64,458원/MWh = 217,119원/MWh - 152,661원/MWh

2. Dirty Spark Spread/MWh
-72,093원/MWh = 217,119원/MWh - 289,212원/MWh

3. Clean Dark Spread/MWh
+51,785원/MWh = 217,119원/MWh - 152,661원/MWh - 12,673원/MWh

4. Clean Spark Spread/MWh
-77,447원/MWh = 217,119원/MWh - 289,212원/MWh - 5,354원/MWh

5. Climate Spread/MWh
+129,232원/MWh = 51,785원/MWh - (-77,447원/MWh)

6. Green Spread/MWh
+281,619원/MWh = 217,119원/MWh + 64,500원/MWh

자발적 탄소크레딧 시장

자발적 탄소크레딧 시장은 온실가스 감축 프로젝트에 의해서 견인되는 시장이다. 정의상 자발적 탄소크레딧 시장은 민간 차원에서 진행되는 다양한 기후테크에 의해 자발적으로 감축한 탄소크레딧이 거래되는 시장이다. 2023년 말글로벌 자발적 탄소크레딧 시장에서 진행되고 있는 온실가스 감축 프로젝트의건수는 약 1만 개가 넘게 진행되고 있다. 이들 프로젝트는 투자가 전제된 시장으로 비용-편익분석에 따라 가격이 결정된다.

1. 한계감축비용 개념

한계감축비용(MAC, Marginal Abatement Cost)이란 온실가스 1톤을 줄이는 데 소요되는 비용으로 온실가스 감축에 필요한 초기 투자비용 및 운영 유지비용으로정의되며, 한계감축비용에 대한 활용은 3가지로 요약된다.

한계감축비용곡선(MACC, Marginal Abatement Cost Curve)은 한계감축비용을 연결한 곡선으로 온실가스를 경제적으로 감축시킬 수 있는 감축 프로젝트들의 비용구조와 원가 수준을 파악할 수 있다.

온실가스 감축 프로젝트들에 대한 우선순위 선정 및 온실가스 감축량에 상응하는 감축원가 분석이 가능함에 따라 중장기적인 감축 전략 수립이 가능하다.

순현금흐름(Net), 순현재가치(NPV), 내부수익률(IRR), 투자자본수익률(ROI), 투자회수기간(PBP), 편익수익비율(BCR) 등의 재무적, 경제성 분석으로 감축 프로젝트 투자(안)들의 객관적인 비교분석이 가능하다.

한계감축비용곡선은 탄소중립 달성과 온실가스 감축 로드맵 수립을 위한 지표로 활용된다. 또한 국가, 업종, 업체 단위까지 세분화된 감축 프로젝트별 원가구조 및 비용구조 파악이 용이하다. 따라서 중장기 관점에서 적정한 탄소배출권 가격수준에 대한 정보를 제공한다.

2. 한계감축비용 산정방법

한계저감비용은 온실가스 감축 투자비용, 투자수익, 금리(할인율), 온실가스 감축량 데이터를 이용해 산정하게 된다. 대부분의 감축 프로젝트들은 투자 기간이 중장기적인 투자로 투자비용 및 투자수익에 대한 미래 현금흐름(미래가치)을 금리(할인율)를 이용해 현재가치화하는 과정이 필요하다.

일반적인 프로젝트들의 현금흐름은 초반에 투자비용이 발생한 뒤 투자수익이 이어지는 현금흐름을 보이게 된다. 각 투자 시점별로 수익과 비용의 차이인 순현금흐름을 산정한 뒤 금리(할인율)로 할인한 현재가치의 합계를 온실가스 감축량으로 나누어 한계감축비용을 산정하게 된다.

$$순현금흐름(KRW) = 프로젝트\ 총수익 - 프로젝트\ 비용$$

$$순현재가치(KRW) = \frac{순현금흐름}{(1 + 금리)^{\wedge 투자기간}}$$

$$한계감축비용(KRW/tCO_2eq) = \frac{-\ 순현재가치}{온실가스\ 감축\ 프로젝트를\ 통한\ 총감축량}$$

한계감축비용 산정은 감축 프로젝트와 관련된 현금흐름, 온실가스 감축량, 금리(할인율)에 의해 감축 비용 수준이 결정된다. 특히 미래에 발생되는 미래가치를 현재가치로 환산하는 과정에 있어 적용되는 할인율(금리) 종류에 따라 상이한 한계감축비용을 보인다.

국가 한계감축비용 산정의 경우는 국고채 금리를 적용해 산정이 가능하다. 또한 신용도가 양호한 업체의 경우는 신용 등급별(AAA+) 회사채 수익률 또는 가중평균자본비용(WACC, Weighted Average Cost of Capital)을 적용해 산정할 수 있다.

$$WACC = \frac{E}{E + D} \times Re + \frac{D}{E + D} \times Rd \times (1-t)$$

WACC : 가중평균자본비용   E : 자기자본
D : 타인자본   Re : 자기자본 비용
Rd : 타인자본 비용   t : 법인세

가중평균자본비용은 총자본 중 자가자본 비중과 타인자본 비중에 대해 각각의 자본비용을 감안한 가중평균비용으로 중장기적 고정금리 성격의 자본조달비용이다. 예를 들어 자기자본 1,000억 원, 타인자본 200억 원이고, 자기자본 비용 12.0%, 타인자본 비용 5.0%, 법인세 30.0%인 경우, 가중평균자본비용은 10.58%가 된다.

[한계감축비용과 할인율(금리) 간의 관계]

한계감축비용 산정에 있어 투자비용, 투자수익, 감축량 데이터가 필요하다. 그러나 미래 현금흐름에 대한 미래가치를 현재가치화하는 할인율(금리) 적용은 신중하게 결정해야 한다. 해당 업체의 신용등급에 따른 회사채 수익률을 사용할지 아니면 중장기 고정금리 성격의 가중평균자본비용을 적용해 평가할지를 결정해야 한다. 아래 그래프는 금리(할인율) 변화에 대한 한계감축비용의 변화를 나타낸 그래프다.

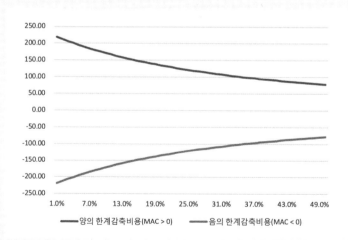

상기 그래프에서 Y축은 한계감축비용을, X축은 금리(할인율) 수준으로 나타내고 있다. 양(+)의 한계감축비용이 발생하는 국면에서는 금리(할인율)가 증가할수록 한계감축비용은 하락하는 형태를 보이고 있는 반면에 음(-)의 한계감축비용이 발생하는 국면에서는 금리(할인율)가 증가할수록 한계감축비용은 상승하는 형태를 보인다.

[자료 5-7]은 총 6개 온실가스(GHG) 감축 프로젝트들에 대한 각각의 한계감축비용과 온실가스 감축량을 나타내고 있는 그래프로 감축비용이 저렴한 순서대로 평가한 한계감축비용곡선을 보여주고 있다.

[자료 5-7] GHG 감축 프로젝트와 한계감축비용

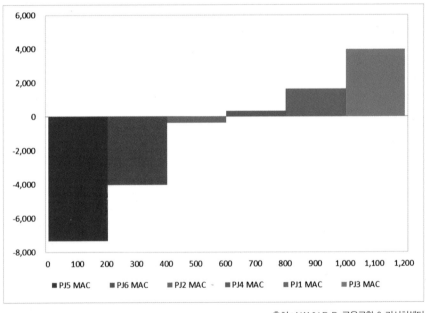

출처 : NAMU EnR, 금융공학 & 리서치센터

Y축의 경우 GHG 감축 프로젝트들의 한계감축비용 수준을 나타내고 있고 X축의 경우는 누적 GHG 감축량 수준을 보여주고 있다. Y축 값이 양(+)의 값을 보이면 감축을 위해 비용이 발생하는 프로젝트다. 반면에 Y축이 음(−)의 값이면 수익이 발생하는 프로젝트를 의미한다.

[자료 5–8] 한계감축비용(MAC)

구분	단위		주요 내용
개별 막대	NPV(KRW)	순현재가치	감축 프로젝트 순현재가치
세로(높이)	tCO₂eq	감축량	온실가스 감축 잠재량
가로(폭)	KRW/tCO₂eq	감축비용	1tCO₂eq 감축을 위한 비용

출처 : NAMU EnR, 금융공학 & 리서치센터

3. 한계감축비용 결정요인

한계감축비용(MAC, Marginal Abatement Cost)은 온실가스 감축 프로젝트를 통해 온실가스 1단위를 줄이는 데 소요되는 투자비용($\pm$MAC=$\pm$NPV/CO₂감축량)으로 정의된다. 또한 이들 온실가스 감축프로젝트들의 포트폴리오는 수요곡선으로 해석할 수 있다. 순현재가치(NPV, Net Present Value)는 각종 감축 프로젝트들의 현금흐름 대해 금리수준으로 평가한 값이다. 평가 시점에서 시중금리가 상승할 경우 한계감축비용은 상승하고 반대로 금리가 하락할 경우에는 하락한다.

실무 차원에서 한계감축비용 분석은 기존설비 대비 신규설비에 대한 투자비용과 온실가스 감축량에 대한 분석이다. 분모항목은 기존설비와 신규설비에 대한 온실가스 감축량 차이 데이터를 적용하고 분자항목은 신규설비 비용과 기존설비 비용을 차이로 구성된다.

$$\text{MAC(KRW/tCO}_2\text{eq)} = \frac{\text{KRW Project} - \text{KRWBsaeline}}{\text{CO2Baseline} - \text{CO2Project}}$$

한계감축비용은 다양한 변수에 의해 결정된다. 투자비용 차이, 연료효율 차이, 할인율, 제품 사용기간 등에 의해 결정된다. 투자비용 차이가 클수록 한계감축비용은 증가하는 양(+)의 관계를 보인다.

연료효율 차이가 클수록 한계감축비용은 음(-)의 관계를 나타낸다. 순현금흐름을 현재가치화하는 할인율이 증가할 경우 한계감축비용은 양(+)의 관계를 보인다. 제품 사용기간이 길수록 한계감축비용은 음(-)의 관계를 보인다.

[자료 5-9]는 한계감축비용을 결정짓는 요인들 간의 관계를 보여주고 있다.

[자료 5-9] 한계감축비용 결정요인

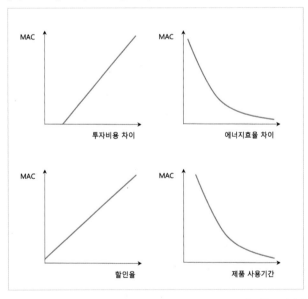

출처 : NAMU EnR, 금융공학 & 리서치센터

[탄소배출권 가격과 한계감축비용]

한계감축비용곡선(MACC, Marginal Abatement Cost Curve)은 배출권 할당 및 감축량 목표수립에 있어서 객관적인 감축비용 파악을 위해 구축되어야 한다. EU지역에서는 온실가스저감을 위한 일반화된 분석 도구로 널리 활용되고 있고, 탄소시장에 참여하고 있는 국가, 산업, 기업, 프로젝트별로 구축되어 있다.

한계감축비용(MAC, Marginal Abatement Cost)이란 온실가스 1톤을 줄이는 데 소요되는 비용으로 감축에 필요한 운영비 및 설비비를 말한다. 온실가스를 줄이기 위해 전력생산을 줄인다면 손실분에 대한 기회비용이기도 하다. 간단하게는 저감기술의 투자비용을 온실가스 감축효과로 나누면 한계감축비용을 구할 수 있다.

한계감축비용은 감축 프로젝트들에 대한 투자비용과 유지보수 비용 및 기회비용까지 감안한 현금흐름에 대해서 일정시점의 할인율로 현재가치화해 분자항목을 구성한다. 한편 분모항목은 온실가스(GHG) 저감 프로젝트를 통해서 감축할 수 있는 온실가스 감축량을 이용해 산정한다.

한계감축비용곡선 분석에서 세로축은 감축 프로젝트들의 단위당 저감비용을 의미하며 가로축은 해당 프로젝트들의 감축량을 의미한다. 음(-)의 한계감축비용은 감축을 통해서 수익이 발생하는 프로젝트들을 의미하고 양(+)의 한계감축비용은 감축량을 달성하기 위해서는 비용이 수반되는 프로젝트들을 의미한다.

감축 프로젝트들의 한계감축비용 추정은 물론 탄소배출권의 시장가격을 고정시켜야 한다. 변동가격인 탄소배출권 시장가격을 탄소배출권

선물 매도포지션을 이용해 가격하락을 방어하는 전략이 필요하다.

활용방안과 필요성을 정리하면 다음과 같다.

첫째, 온실가스 저감을 위한 프로젝트들에 대해서 비용구조 분석이 가능하다.

둘째, 한계저감비용 분석은 온실가스 저감 프로젝트들의 투자 우선순위를 제시함에 따라 온실가스 저감을 위한 프로젝트들의 우선순위를 산정하는 데 있어서 객관적인 의사 결정지표다.

셋째, 온실가스 저감을 위한 포트폴리오 구축 및 투자 의사결정(NPV, IRR)을 위해서는 한계저감비용분석이 선행적으로 구축되어야 하는 인프라이며 자발적 탄소크레딧 시장에서 거래되는 탄소크레딧의 가격을 결정한다.

넷째, 배출권거래제는 결국 한계저감비용을 중심으로 거래가 이어지는 시장이다. 온실가스 저감비용이 낮은 업체는 더 많이 감축해서 탄소배출권 시장에서 매도하게 된다. 따라서 상대적으로 온실가스 감축비용이 저렴한 업체의 경우 탄소배출권 시장에서 유리하게 된다.

PART 6

탄소배출권
선물이론가격
결정요인

PART 6
탄소배출권 선물이론가격 결정요인

선물가격은 현물가격과 보유비용(Cost-of-Carry)에 의해서 결정된다. 보유비용 (Cost-of-Carry)은 자금조달 비용과 같은 개념으로 현물자산을 보유하기 위한 차입금에 대한 무위험이자율, 보관비용, 편익수익 등으로 구성된다. 따라서 순보유비용(Net Cost-of-Carry)은 자금조달 비용에서 현물을 보유함으로써 생기는 수입을 뺀 금액이다.

보유비용모형은 재고수준과도 매우 밀접하다. 상품의 재고가 많은 경우 희소성이 작아지면서 현물가격은 하락하는 반면 선물시장의 가격은 상승하게 된다. 반대로 재고가 부족하면 현물시장에서 희소성이 부각되면서 현물가격은 상승하고 반대로 선물가격은 하락하게 된다.

또한 보관비용과 편익수익의 크기에 의해서도 설명이 가능하다. 보관비용이 편익수익보다 클 경우 선물가격은 현물가격보다 높은 컨탱고 현상이 나타난다. 반대로 보관비용이 편익수익보다 작은 경우 선물가격은 현물가격보다 낮아지는 백워데이션 현상이 나타난다. 본 장에서는 선물이론가격의 결정요인들을 살펴본다.

현물가격

선물가격은 현물가격(S)만큼 무위험자산에 재투자해 얻은 이자에 의해 결정되므로 현물가격이 변할 때 선물가격은 [1+무위험이자율]만큼 변하게 된다.

[자료 6-1] 현물가격 vs 선물이론가격 1

선물이론가격	현물가격	무위험이자율	저장비용	편익수익	잔존만기
20,500	20,000	3.50%	1.50%	2.50%	365
21,013	20,500	3.50%	1.50%	2.50%	365
21,525	21,000	3.50%	1.50%	2.50%	365
22,038	21,500	3.50%	1.50%	2.50%	365
22,550	22,000	3.50%	1.50%	2.50%	365
23,063	22,500	3.50%	1.50%	2.50%	365
23,575	23,000	3.50%	1.50%	2.50%	365
24,088	23,500	3.50%	1.50%	2.50%	365
24,600	24,000	3.50%	1.50%	2.50%	365
25,113	24,500	3.50%	1.50%	2.50%	365
25,625	25,000	3.50%	1.50%	2.50%	365
26,138	25,500	3.50%	1.50%	2.50%	365
26,650	26,000	3.50%	1.50%	2.50%	365
27,163	26,500	3.50%	1.50%	2.50%	365
27,675	27,000	3.50%	1.50%	2.50%	365
28,188	27,500	3.50%	1.50%	2.50%	365
28,700	28,000	3.50%	1.50%	2.50%	365
29,213	28,500	3.50%	1.50%	2.50%	365
29,725	29,000	3.50%	1.50%	2.50%	365
30,238	29,500	3.50%	1.50%	2.50%	365
30,750	30,000	3.50%	1.50%	2.50%	365

출처 : NAMU EnR 금융공학 & 리서치센터

[자료 6-2] 현물가격 vs 선물이론가격 2

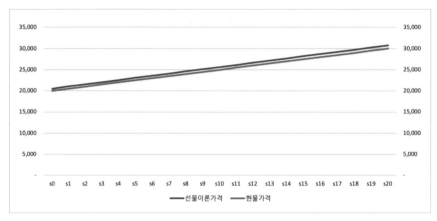

출처 : NAMU EnR 금융공학 & 리서치센터

무위험이자율

무위험이자율(r)이 높을수록 선물가격은 높아지게 된다. 무위험이자율이 편익수익률보다 높을 경우 선물이 현물보다 할증되어 거래되고, 반대일 경우 할인되어 거래된다.

[자료 6-3] 무위험이자율 vs 선물이론가격 1

선물이론가격	현물가격	무위험이자율	저장비용	편익수익	잔존만기
25,375	25,000	2.50%	1.50%	2.50%	365
25,400	25,000	2.60%	1.50%	2.50%	365
25,425	25,000	2.70%	1.50%	2.50%	365
25,450	25,000	2.80%	1.50%	2.50%	365
25,475	25,000	2.90%	1.50%	2.50%	365
25,500	25,000	3.00%	1.50%	2.50%	365
25,525	25,000	3.10%	1.50%	2.50%	365
25,550	25,000	3.20%	1.50%	2.50%	365
25,575	25,000	3.30%	1.50%	2.50%	365
25,600	25,000	3.40%	1.50%	2.50%	365
25,625	25,000	3.50%	1.50%	2.50%	365
25,650	25,000	3.60%	1.50%	2.50%	365
25,675	25,000	3.70%	1.50%	2.50%	365
25,700	25,000	3.80%	1.50%	2.50%	365
25,725	25,000	3.90%	1.50%	2.50%	365
25,750	25,000	4.00%	1.50%	2.50%	365
25,775	25,000	4.10%	1.50%	2.50%	365
25,800	25,000	4.20%	1.50%	2.50%	365
25,825	25,000	4.30%	1.50%	2.50%	365
25,850	25,000	4.40%	1.50%	2.50%	365
25,875	25,000	4.50%	1.50%	2.50%	365

출처 : NAMU EnR 금융공학 & 리서치센터

[자료 6-4] 무위험이자율 vs 선물이론가격 2

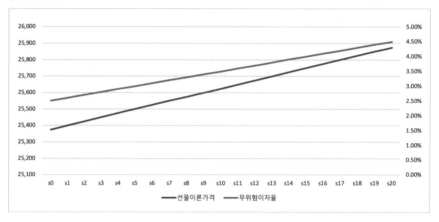

출처 : NAMU EnR 금융공학 & 리서치센터

저장비용

원자재(원유, 천연가스, 농산물 등) 성격이 강한 상품 선물이론가격의 경우는 현물 보관에 따르는 창고료 및 보험료 등의 저장비용(u)이 발생한다.

[자료 6-5] 저장비용 vs 선물이론가격 1

선물이론가격	현물가격	무위험이자율	저장비용	편익수익	잔존만기
25,375	25,000	3.50%	0.50%	2.50%	365
25,400	25,000	3.50%	0.60%	2.50%	365
25,425	25,000	3.50%	0.70%	2.50%	365
25,450	25,000	3.50%	0.80%	2.50%	365
25,475	25,000	3.50%	0.90%	2.50%	365
25,500	25,000	3.50%	1.00%	2.50%	365
25,525	25,000	3.50%	1.10%	2.50%	365
25,550	25,000	3.50%	1.20%	2.50%	365
25,575	25,000	3.50%	1.30%	2.50%	365
25,600	25,000	3.50%	1.40%	2.50%	365
25,625	25,000	3.50%	1.50%	2.50%	365
25,650	25,000	3.50%	1.60%	2.50%	365
25,675	25,000	3.50%	1.70%	2.50%	365
25,700	25,000	3.50%	1.80%	2.50%	365
25,725	25,000	3.50%	1.90%	2.50%	365
25,750	25,000	3.50%	2.00%	2.50%	365
25,775	25,000	3.50%	2.10%	2.50%	365
25,800	25,000	3.50%	2.20%	2.50%	365
25,825	25,000	3.50%	2.30%	2.50%	365
25,850	25,000	3.50%	2.40%	2.50%	365
25,875	25,000	3.50%	2.50%	2.50%	365

출처 : NAMU EnR 금융공학 & 리서치센터

[자료 6-6] 저장비용 vs 선물이론가격 2

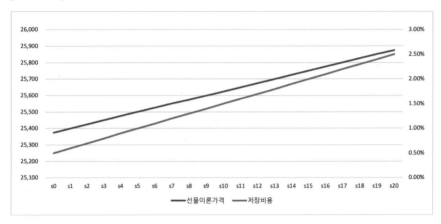

출처 : NAMU EnR 금융공학 & 리서치센터

편익수익

재고는 현물보유에 대한 편익수익(y)으로 평가된다. 재고가 많으면 편익수익은 하락하고, 반대로 재고가 적으면 편익수익은 상승하게 된다. 따라서 재고수준을 편익수익으로 전환해 적정 선물이론가격을 산정하게 된다.

[자료 6-7] 편익수익 vs 선물이론가격 1

선물이론가격	현물가격	무위험이자율	저장비용	편익수익	잔존만기
25,875	25,000	3.50%	1.50%	1.50%	365
25,850	25,000	3.50%	1.50%	1.60%	365
25,825	25,000	3.50%	1.50%	1.70%	365
25,800	25,000	3.50%	1.50%	1.80%	365
25,775	25,000	3.50%	1.50%	1.90%	365
25,750	25,000	3.50%	1.50%	2.00%	365
25,725	25,000	3.50%	1.50%	2.10%	365
25,700	25,000	3.50%	1.50%	2.20%	365
25,675	25,000	3.50%	1.50%	2.30%	365
25,650	25,000	3.50%	1.50%	2.40%	365
25,625	25,000	3.50%	1.50%	2.50%	365
25,600	25,000	3.50%	1.50%	2.60%	365
25,575	25,000	3.50%	1.50%	2.70%	365
25,550	25,000	3.50%	1.50%	2.80%	365
25,525	25,000	3.50%	1.50%	2.90%	365
25,500	25,000	3.50%	1.50%	3.00%	365
25,475	25,000	3.50%	1.50%	3.10%	365
25,450	25,000	3.50%	1.50%	3.20%	365
25,425	25,000	3.50%	1.50%	3.30%	365
25,400	25,000	3.50%	1.50%	3.40%	365
25,375	25,000	3.50%	1.50%	3.50%	365

출처 : NAMU EnR 금융공학 & 리서치센터

[자료 6-8] 편익수익 vs 선물이론가격 2

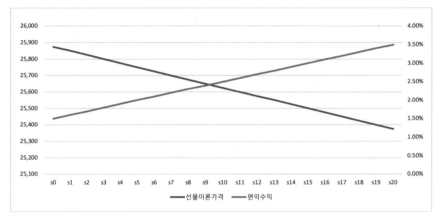

출처 : NAMU EnR 금융공학 & 리서치센터

잔존만기

무위험이자율 > 편익수익률인 경우 잔존만기(t)가 길수록 선물이론가격은 증가하고 무위험이자율 < 편익수익률인 경우에는 잔존만기가 길수록 선물이론가격은 낮아진다.

[자료 6-9] 잔존만기 vs 선물이론가격 1

선물이론가격	현물가격	무위험이자율	저장비용	편익수익	잔존만기
25,000	25,000	3.50%	1.50%	2.50%	0
25,053	25,000	3.50%	1.50%	2.50%	31
25,103	25,000	3.50%	1.50%	2.50%	60
25,156	25,000	3.50%	1.50%	2.50%	91
25,207	25,000	3.50%	1.50%	2.50%	121
25,260	25,000	3.50%	1.50%	2.50%	152
25,312	25,000	3.50%	1.50%	2.50%	182
25,365	25,000	3.50%	1.50%	2.50%	213
25,416	25,000	3.50%	1.50%	2.50%	243
25,467	25,000	3.50%	1.50%	2.50%	273
25,521	25,000	3.50%	1.50%	2.50%	304
25,572	25,000	3.50%	1.50%	2.50%	334
25,625	25,000	3.50%	1.50%	2.50%	365
25,678	25,000	3.50%	1.50%	2.50%	396
25,728	25,000	3.50%	1.50%	2.50%	425
25,781	25,000	3.50%	1.50%	2.50%	456
25,832	25,000	3.50%	1.50%	2.50%	486
25,885	25,000	3.50%	1.50%	2.50%	517
25,937	25,000	3.50%	1.50%	2.50%	547
25,990	25,000	3.50%	1.50%	2.50%	578
26,041	25,000	3.50%	1.50%	2.50%	608

출처 : NAMU EnR 금융공학 & 리서치센터

[자료 6-10] 잔존만기 vs 선물이론가격 2

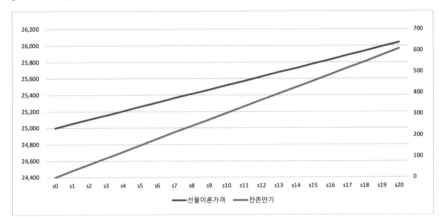

출처 : NAMU EnR 금융공학 & 리서치센터

탄소배출권 선물이론가격 산정

탄소배출권 선물이론가격은 매우 중요하다. 탄소배출권 선물시장의 수급에 의해서 결정되는 선물시장 가격에 대해서 적정성 여부를 판단하는 근거로 활용된다. 따라서 선물이론가격과 대비해 탄소배출권 선물가격이 과대 또는 과소 평가되어 거래되고 있는지의 정보를 제공한다.

$$단리\ 기준 : F = S \times [1+(r+u-y) \times \frac{t}{365}]$$

$$연속\ 복리\ 기준 : F = S \times \exp[r+u-Y \times \frac{t}{365}]$$

1. 편익수익률 미반영

· 탄소배출권(KAU) 현물가격 : 25,000원/KAU

· 무위험이자율(%) : 연간 3.50%

· 저장비용(%) : 연간 1.50%

· 잔존만기(T) : 182일

· 탄소배출권 선물이론가격 : 25,623원/KAU

2. 편익수익률 반영

· 탄소배출권(KAU) 현물가격 : 25,000원/KAU

· 무위험이자율(%) : 연간 3.50%

· 저장비용(%) : 연간 1.50%

· 편익수익(%) : 연간 2.5%

· 잔존만기(T) : 182일

· 탄소배출권 선물이론가격 : 25,312원/KAU

[자료 6-11] K-ETS 탄소배출권(KAU) 파생상품(선물, 옵션, 스왑) 이론가격

NAMU EnR | K-ETS 탄소배출권(KAU) 파생상품(선물, 스왑, 옵션) 이론가격					
'2024-07-05					NAMU EnR Energy Market Research Group http://www.namuenr.com
■ K-ETS 탄소배출권(KAU) 파생상품 프라이싱 - 편익수익 반영					
현물 가격	8,980	시장 위험	4.3356%	무이표율	3.5000%
					[Unit : KRW, KAU, %]
만기 구조	무이표율	선도 가격	스왑 가격	콜옵션 가격	풋옵션 가격
3m	3.5000%	9,402	9,258	554	476
6m	3.4900%	9,844	9,471	803	648
9m	3.4125%	10,300	9,686	1,002	769
1y	3.3350%	10,774	9,902	1,173	865
3y	3.1225%	15,410	11,728	2,166	1,271
5y	3.0925%	22,055	13,741	2,882	1,441

출처 : NAMU EnR 금융공학 & 리서치센터, KRX, KMB, KFB

[이론 및 시장 베이시스]

베이시스란 선물가격과 현물가격의 차이를 말하며, 이는 선물거래 시 매우 중요한 의미를 갖는다. 즉, 투자자가 현물투자에 대한 위험으로 부터 헤지를 위해 선물거래를 한다면 가장 큰 관심은 선물가격과 현물가격의 움직임일 것이다. 이러한 선물가격과 현물가격의 차이에서 오는 위험을 베이시스 위험(Basis Risk)이라고 한다.

- 선물이론가격 = 현물가격 + 금융비용 − 편익수익
- 이론 베이시스 = 선물이론가격 − 현물 시장가격

  = (현물가격 + 금융비용 − 편익수익) − 현물가격

  = 금융비용 − 편익수익

- 시장 베이시스 = 선물 시장가격 − 현물 시장가격

베이시스는 현물가격, 무위험이자율, 잔존기간 등에 대해서는 정(+)의 관계를 보이는 반면 편익수익에 대해서는 부(−)의 관계를 보인다. 만약 선물과 현물가격 간의 차이가 일정하다면 베이시스는 변하지 않게 된다.

컨탱고(Contango)란 선물가격이 현물가격보다 높거나 선물의 원월물 가격이 근월물의 가격보다 높은 상태를 말한다. 대부분의 선물시장은 컨탱고 상태가 정상적이라 볼 수 있다. 왜냐하면 선물가격은 현재의 현물가격에 선물 만기일까지의 보유비용 등이 고려되어야 하므로 현물가격보다 높게 형성된다.

백워데이션(Backwardation)은 선물가격이 현물가격보다 낮거나 원원물의 가격이 근원물의 가격보다 낮은 상태를 말한다. 백워데이션 상태에 있다면 현물 및 선물시장에 수급 불균형을 의미한다. 선물시장이 초과공급 상태에 있어 선물가격이 저평가되어 있거나 현물시장이 초과수요 상태에 있어 현물가격이 고평가되게 된다.

재고는 현물보유에 대한 편익수익으로 평가된다. 재고가 많으면 편익수익은 하락하고, 반대로 재고가 적으면 편익수익은 상승하게 된다. 따라서 재고수준을 편익수익으로 전환한 뒤 선물가격에 반영한다.

재고가 많아 편익수익이 무위험이자율보다 낮은 경우는 컨탱고(선물가격 〉현물가격) 현상이 나타나고, 반대로 재고가 적어 편익수익이 무위험이자율보다 높은 경우는 백워데이션(선물가격 〈 현물가격) 현상이 나타난다.

적정 재고로 편익수익과 무위험이자율이 같은 경우는 균형(선물가격 = 현물가격)이 된다. 결국 적정 재고를 기준으로 현재의 재고수준을 반영해 선물가격이 결정된다.

PART 7

최적 헤징
대응전략 수립

PART 7
최적 헤징 대응전략 수립

국내 탄소배출권 시장은 개장한 지 10년 차를 맞이하고 있다. 할당배출권 (KAU)의 연평균 장기변동성은 45.9%로 주식시장이나 외환시장의 리스크를 상회하고 있다. 개장 이후 탄소배출권 시장참여자들은 이러한 높은 리스크에도 불구하고 파생상품의 부재로 인해 100% 리스크에 노출된 상태에서 시장에 참여하고 있다.

탄소배출권 시장 중장기 로드맵에 따르면 제3차 계획기간(2021년~2025년)내에서 제3자(금융투자회사 및 개인투자자)의 시장참여 허용과 장내 파생상품 시장 도입을 목표로 하고 있다. 이와 같은 조치들은 글로벌 스탠더드에 부합하는 조치로 매우 고무적이다.

높은 현물시장의 변동성을 제거 또는 관리하기 위해서는 다양한 파생상품을 활용할 수 있다. 본 장에서는 실무 차원에서 파생상품을 이용한 최적 헤징 전략을 구체적으로 살펴보고자 한다.

헤징 정의 및 필요성

1. 정의

헤징의 기본 개념은 현물포지션과 반대되는 포지션을 선물시장에서 취하는 것이다. 즉, 현물과 선물에서 상반되는 포지션을 동시에 취함으로써, 현물 이익 또는 손실을 선물 손실 또는 이익으로 상쇄시켜 미래 가격 변화로 인한 현물포지션 가치변동 위험을 사전에 제거하는 것을 말한다.

현실적으로 현물가격과 선물가격의 차이인 베이시스(Basis)가 고정적이지 않기 때문에 완전한 헤징은 현실적으로 불가능하다. 베이시스가 일정하지 못한 이유는 베이시스에 영향을 미치는 요인들이 항상 불규칙하게 움직이기 때문이다. 베이시스는 상품선물(에너지, 원자재, 금 등)의 경우 현물을 미래까지 보유하는 데 제반 비용이 수반된다.

이러한 비용들은 흔히 보유비용(Cost of Carry)으로 정의되는데 보관비, 보험료, 수송비, 상품 보유에 투입된 자금의 기회비용 등이 포함된다. 금융선물(주가지수, 채권, 환율)의 경우에는 상품 보유를 위한 자금 차입금리와 상품 보유를 통한 투자수익율 차이에 의해 베이시스가 결정된다.

베이시스 구성 요인들은 시간경과에 따라 변하므로 완전한 헤징은 불가능하게 된다. 즉, 베이시스의 변동이 적을수록 완전한 헤징에 가까워지며, 만약 베이시스의 변동이 없다면 이론적으로 완전한 100% 헤징이 가능하다.

보유하고 있는 모든 현물자산에 대해서 헤징이 가능한 것은 아니다. 왜냐하면 해당 현물자산의 위험관리를 위한 선물시장이 존재해야 한다. 이로 인해 헤징 방법에 대해서 직접 헤징(Direct Hedging)과 교차 헤징(Cross Hedging)으로 분류하게 된다.

직접 헤징은 현물자산과 선물의 기초자산이 동일한 경우로 탄소배출권(KAU) 현물에 대해서 탄소배출권(KAU) 선물로 헤징하는 경우다. 반면에 교차 헤징은 현물자산과 선물의 기초자산이 다른 경우로 은현물에 대해서 금선물로 헤징하는 경우다.

직접 헤징(Direct Hedging) : 현물 = 선물의 기초자산
교차 헤징(Cross Hedging) : 현물 ≠ 선물의 기초자산

헤징 효율을 살펴보면 현물과 선물의 기초자산이 동일한 직접 헤징의 경우 이자율 및 잔존만기로 인해 일정 폭의 베이시스는 존재하나 기본적으로 현물 및 선물의 가격 방향성과 변동성은 유사한 움직임을 보임에 따라 헤징 효율과 위험회피에 대한 성과는 매우 높다. 한편 교차 헤징은 현물과 선물의 기초자산

이 상이한 관계로 가격 방향성과 변동성 또한 상이한 움직임을 보여 헤징 효율은 매우 낮다.

2. 필요성

모든 경제주체(정부, 기업, 가계)는 현재 보유하고 있거나 앞으로 소유하게 될 자산 및 부채 등의 가격변동 위험에 노출되어 있다. 가격변동 위험을 방치했을 경우, 이익이 날 수도, 손실이 날 수도 있다. 가격변동으로 인한 위험 노출이 심각한 경우에는 위험수준을 조정할 필요가 있다.

지속가능경영 차원에서 위험관리는 필수적이다. 미래 수익에 대한 불확실성은 기업 존망의 기로까지 몰고 갈 위험을 초래할 수도 있다. 따라서 불확실한 기대 손익보다는 적절한 수준의 확정이익이 더욱 바람직한 경영 활동이 된다. 결국, 헤징의 필요성은 다양한 가격변동 위험을 관리해야 하는 모든 경제 주체들에게 필요한 활동이다.

헤징 종류

1. 매도 헤징

매도 헤징(Short Hedging)이란 현물시장에서 매입포지션(Long Position)을 취하고 있어 발생하는 가격상승 시의 손실을 부분적으로 제거하기 위해 선물시장에서는 매도포지션(Short Position)을 취하는 헤징을 말한다.

현물시장에서의 매입포지션은 특정 자산의 양수권리나 채권을 의미하고, 그 특정 자산의 가격하락 시에는 손실을 보게 되며, 가격상승 시에는 이익을 보게 된다. 따라서, 현물 가격하락 시의 손실을 줄이기 위해, 헤징대상 현물과 유사한 가격 움직임을 보이는 선물을 매도하게 되는데, 가격하락 시 현물포지션에서는 손실을 보지만 선물포지션에서의 이익으로 상쇄시켜 가격변동 위험에서 벗어날 수 있다.

출처 : NAMU EnR 금융공학 & 리서치센터

2. 매입 헤징

매입 헤징(Long Hedging)이란 현물시장에서 매도포지션(Short Position)을 취하고 있는 상태에서 기초자산의 가격상승 시 손실을 제거하기 위해 선물시장에서 매입포지션(Long Position)을 취하는 헤징을 말한다.

현물시장에서의 매도포지션은 특정 자산의 양도 의무나 부채를 의미하고, 그 특정 자산의 가격상승 시에는 손실을 보게 되며, 가격하락 시 이익을 보게 된다. 따라서 현물가격상승 시 손실을 줄이기 위해, 헤징 대상 현물과 유사한 가격 움직임을 보이는 선물을 매입하게 되는데, 가격상승 시 현물포지션에서는 손실을 보지만 선물포지션에서 이익발생으로, 총손익은 고정되어 가격변동 위험을 관리할 수 있다.

[자료 7-2] 매입 헤징 : 현물 매도포지션 & 선물 매입포지션

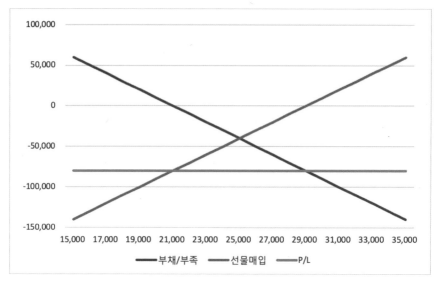

출처 : NAMU EnR 금융공학 & 리서치센터

[스트립 헤징(Strip Hedging) vs 스텍 헤징(Stack Hedging)]

■ **스트립 헤징**(Strip Hedging)

스트립 헤징은 헤징 계약 수를 만기 월물별로 균등하게 안분해 헤징하는 방법이다.

■ **스텍 헤징**(\Stack Hedging)

스텍 헤징은 헤징 계약 수를 가장 최근 월물에만 집중해 헤징하는 방법이다.

※ KAUF : KAU Futures

헤지 비율 및
헤징 효과

1. 헤지 비율

선물시장을 활용한 헤지 전략 수립에 있어 가장 일반적인 헤징모형은 최소분산 헤징모형이다. 최소분산 헤지는 위험을 최소화하기 위한 것으로 헤지 포트폴리오가 최소분산이 되게끔 하는 헤지비율을 말한다.

헤지 포트폴리오의 최소분산은 선물가격과 현물가격 간에 상관관계가 높을 경우 헤지된 포트폴리오 분산을 완전히 제거될 수 있는 반면, 상관관계가 낮을수록 최소분산은 커지게 된다.

결국 최소분산 헤지비율을 추정하기 위해서는 독립변수로 선물가격 수익률과 종속변수로 포트폴리오 수익률 데이터를 이용한다. 단순회귀 분석 결과 회귀계수 추정치가 바로 최소분산 헤지비율(β, HR)이 된다.

$$\Delta S_t = \alpha + \beta \, \Delta F_t + \epsilon_t$$

β(HR) = 현물과 선물수익률 간의 공분산 / 선물수익률의 분산

$$r_{S_t} = \alpha_0 + \beta_1 r_{F_t} + \epsilon_t$$

$$HR = \beta_{r_S r_F} = \rho_{r_S r_F} \times \frac{\sigma_{r_S}}{\sigma_{r_F}}$$

$$\rho = \frac{Cov_{r_S r_F}}{\sigma_{r_S} \sigma_{r_F}}$$

$$\frac{Cov_{r_S r_F}}{\sigma_{r_S} \sigma_{r_F}} \times \frac{\sigma_{r_S}}{\sigma_{r_F}} = \frac{Cov_{r_S r_F}}{\sigma_{r_F}^2} = \beta_{r_S r_F}$$

$$Cov(r_S, r_F) = \frac{\sum_{i=1}^{n} (r_S - \bar{r}_S)(r_F - \bar{r}_F)}{n}$$

2. 헤징 효과

회귀 방정식에서 추정한 회귀계수 베타(β)가 최소분산모형의 헤지비율로 추정된 베타(β) 값이 0.85면 선물가격이 1.0 변동 시 현물가격은 0.85만큼 변화한다는 의미로 탄력성을 나타낸다. 한편 헤징 효과는 선물을 이용해 위험회피에 대한 성과지표로 회귀 방정식의 결정계수(R^2)로 측정된다.

결정계수(R^2)는 선물가격 변화에 대한 현물가격의 총변화를 나타내는 값으로 '0'과 '1' 사이에서 결정계수가 결정된다. 추정 결과 결정계수(R^2) 값이 0.92인

경우, 선물가격의 변화가 92%의 현물가격 변화를 설명한다는 의미다. 결정계수(R2) 값이 '1'에 근사할수록 선물가격과 현물가격 간의 선형 적합도의 관계가 크다는 의미가 된다.

헤징 효과는 헤징을 통해 손익의 분산(Variance)을 얼마나 줄여주는가로 측정될 수 있다. 즉, 헤징 이전의 현물포지션의 손익의 분산과 선물포지션의 손익을 포함한 현물포지션의 손익의 분산을 비교함으로써, 헤징을 통한 가격변동 위험의 제거가 어느 정도 효율적으로 수행되었는가를 알 수 있다.

일반적으로 위험의 감소는 기대수익의 하락을 수반한다. 헤징거래는 위험을 감소시키는 것이기 때문에 그만큼 기대수익의 감소를 초래한다. 만약 위험감소 효과보다 기대수익의 감소가 상대적으로 크다면 헤징의 효과는 작다고 할 수 있다. 이와 같이 헤징의 효과를 위험과 기대수익의 변화로 파악하기도 한다.

헤징 전략 수립

1. 성과

헤징의 목적은 위험 노출(Risk Exposure)의 제거이기 때문에, 헤징 수단을 선택할 때 어느 것이 가장 높은 성과, 즉 노출 위험 제거 효과를 가져올 수 있는가를 고려해야 한다. 헤징의 효율성은 현물포지션과 가장 높은 상관관계를 가진 선물계약을 이용할수록 높아진다.

2. 헤징 비용과 위험 비교

헤징 비용은 헤저가 기꺼이 부담할 수 있을 정도가 되어야 한다. 만약 헤징 비용이 잠재적 노출 손실(Potential Exposure Loss)보다 더 크다면 헤징할 이유는 없다. 헤징 비용으로는 선물계약을 이용 시의 증거금, 거래비용, 그리고 선물가격 변동에 따른 변동증거금(Variation Margin)과 관련해서 예상치 못한 현금흐름의 발생 가능성 등을 들 수 있다.

3. 헤징 기간과 인도월 선택

헤징 기간과 위험 노출기간이 일치할수록 헤징의 효과가 커진다. 예를 들어, 25년 6월까지 노출되는 현물의 위험을 25년 3월물로 관리할 경우 25년 3월이 지난 후의 노출 위험에 대해서는 위험에 노출됨에 따라 헤징 효과는 떨어진다. 즉, 인도월을 선택하는데 있어 현물의 매입, 매도 시점에 근접한 인도월을 선택 해야만 선물과 현물의 가격간에 상관관계가 높아 헤징효과가 높다는 것이다.

장기간의 헤징에 대해서는 만기가 긴 원월물을 이용할 경우 시장 유동성이 떨어져 거래비용이 많이 들 수 있기 때문에 근월물로 일단 헤징을 하고, 근월물 의 인도월이 다가오면, 다음 인도월로 포지션을 이동시키는 만기연장방식(Roll-over Method)을 많이 이용하고 있다. 따라서 위험 노출 기간에 따라 인도월을 선택할 때는 현물과 선물의 가격 상관성, 거래비용, 유동성 측면도 같이 고려해야 한다.

4. 노출위험에 대한 유연성

헤징거래를 수행할 때는 회피하고자 하는 위험의 변화에 유연하게 대처해야 할 필요가 있다. 가격변동 위험은 항상 일정하거나 뚜렷한 것이 아니므로 노출 위험의 크기도 항상 변화한다. 만약, 헤징 개시 시점에 인식되었던 위험이 소멸 한 이후에도 헤징 포지션을 청산하지 않으면, 이는 투기 포지션으로 남아 오히 려 위험을 증가시키게 된다.

헤징 이익과 불이익

1. 헤징 이익

헤징을 함으로써 헤저는 다음과 같은 효과를 획득할 수 있다.

첫째, 기초자산이나 금융자산의 거래에 따른 가격변동 위험을 상당 부분 감소시켜준다.

둘째, 헤징을 위한 파생상품(선물, 옵션, 스왑 등)들은 레버리지 효과가 큰 관계로 추가 자금에 대한 부담이 적다.

셋째, 선물거래는 유동성이 높아 선물포지션의 청산이나 새로운 포지션을 취하기가 용이해 상황의 변화가 생길 경우에도 인수도월의 변경도 쉽다.

넷째, 헤징은 차입 능력을 높여준다. 헤징된 자산은 담보 신용도가 높아 차입이 쉽고, 더 많은 자금의 차입이 가능하다.

다섯째, 헤징은 기업 경영의 안정성과 계획성을 높여준다. 경영 환경의 변화 속도가 매우 빠르므로 다양한 리스크에 노출되어 있다. 헤징은 이러한 환경 적응 및 전략적 차원에서 큰 도움을 준다.

2. 헤징 불이익

헤징을 함으로써 헤저는 다음과 같은 불이익이 있을 수 있다.

첫째, 베이시스 위험(Basis Risk)이 존재한다. 베이시스의 변동은 헤징효과를 감소시킨다. 가격 변동율이 매우 높은 시장에서나 현물 선물가격 간의 상관관계가 낮은 시장에서는 베이시스 위험이 헤징 대상 현물포지션의 가격변동 위험보다 높은 경우도 있다. 이러한 경우에는 헤징을 함으로써 오히려 현물의 가치 변동 위험이 더욱 증대할 것이다.

둘째, 모든 선물거래는 체결 및 청산에 따른 비용, 그리고 증거금 예치에 따른 이자수입 기회의 상실이라는 기회비용을 수반한다. 비록 이러한 비용이 소액일지라도 시간의 경과에 따라 증대될 수도 있으므로 항상 관찰되어야 한다. 이러한 모든 비용들은 헤징의 효율을 떨어지게 하기 때문에 비용-편익 분석(Cost-Benefit Analysis)이 선행되어야 한다.

셋째, 현물과 선물의 불일치가 존재한다. 선물계약의 거래단위와 상품등급 등은 표준화는 현물시장의 거래조건과 항상 일치하는 것은 아니다. 즉, 현물과 선물 사이에는 양적, 질적 차이가 존재하는 것이다. 이러한 차이는 선물가격과 현물가격의 상관관계를 일정하지 않게 만드는 요인이 된다.

넷째, 선물계약에는 가격변동의 제한이 존재한다. 선물계약의 가격은 일일 가격제한제도에 의해 그 변동 폭이 제한되는데, 이러한 가격제한이 발동되면 헤저는 원하는 가격으로 포지션 구축과 청산이 어렵다.

헤징 의사결정 과정

헤징은 헤징 수단, 헤징거래 시점, 헤징기간, 헤징방법 등에 관한 의사결정과정이다. 특히, 효과적인 헤징을 하기 위해서는 경제적 전망과 헤징의 경제적 실용성 등 근본적인 사항이 우선으로 고려되어야 한다.

1. 위험 정의 및 위험 측정

헤징을 하려는 개인, 기업 등이 직면한 위험의 종류와 그 성격 등은 매우 다양하다. 왜냐하면 위험은 상황이나 위험 주체에 따라서 다르게 받아들일 수밖에 없기 때문이다. 따라서 헤징 대응은 위험에 대한 정의에서부터 시작된다.

일단, 위험이 정의되면 그다음 단계는 위험에 노출된 현물포지션의 물량과 위험의 정도를 감안해 위험 노출량을 측정해야 한다. 이는 헤징을 하지 않았을 때의 잠재적 손실로 측정될 수 있다.

그러나 잠재적 손실은 시장 상황에 따라 달라지기 때문에 잠재적 손실을 측정하기 위해서는 결국 금리, 환율, 경제지표 등 현물포지션의 가치에 영향을 줄 수 있는 요인의 변화와 그 확률에 대한 분석이 필요하다. 일단, 해당 포지션의 방향과 그 변화율, 확률 등을 측정하면, 수학적 기대모형을 이용해서 위험노출량을 구할 수 있다.

단, 자산 포트폴리오 중에는 서로 상쇄작용을 하는 포지션이 존재해 포트폴리오 효과를 가져올 수도 있으므로, 이러한 상쇄효과를 제거한 순위험 노출량을 산출해야만 할 것이다.

2. 위험에 대한 적정성 평가

위험 노출량이 측정되면, 이 위험이 회피되어야 하는 성질의 것인지에 대한 판단이 필요하다. 만약, 앞으로 가격이 현물포지션에 유리한 방향으로 움직일 것으로 예측되거나 가격변동 위험이 그렇게 크지 않아 헤징의 필요성이 상대적으로 낮다고 판단되거나 또는 전체 포지션 중에서 위험에 노출된 부분이 차지하는 비중이 미미한 수준이라면, 헤징을 하지 않겠다는 의사결정을 내릴 수도 있다.

또한 헤징은 잠재적 손실 가능성을 줄여주지만 동시에 잠재적 이익 가능성도 줄이므로 위험의 적정성 평가 시에는 이러한 것도 고려되어야 한다. 그리고 위험의 예측이 불가능하거나 예측 비용이 매우 클 때는 위험에 대한 적정성 평가를 하지 않을 수도 있다.

3. 헤징 수단 선택

헤징은 선물계약뿐만 아니라 당사자 간 계약이나 선도계약, 옵션계약, 금리 스왑계약 등을 통해서도 할 수 있기 때문에 이러한 다양한 대안 중 어떤 것을 선택할 것인지를 결정할 필요가 있다. 선물계약은 유동성이 높고, 거래비용이 저렴하며, 유연성 있는 전략의 구사가 가능한 강점을 가지고 있다. 그러나 계약이 표준화되어 있어 커스터머 메이드(Customer Made)가 가능한 다른 헤징 수단에 비해 헤저의 특수한 상황을 고려하지 못하는 단점이 있다.

다음은 선물계약을 헤징 수단으로 이용할 경우의 제약요인들이다.

첫째, 선물계약은 표준화되어 있어 헤징대상 현물과 다른 성질을 가지고 있을 수 있다.

둘째, 선물의 계약단위(Contract Size)는 정해져 있어 헤징에 필요한 물량이 계약단위로 정확히 나누어지지 않을 경우 헤징대상 현물의 일부분이나 선물포지션의 일부분은 위험에 노출된다.

셋째, 선물계약의 인도월이 제한되어 있다. 보통 만기가 6개월 이상 남은 선물계약의 경우 거래가 활발하지 못할 수 있으며, 1년 이상이 되면 시장 유동성 부족으로 장기 헤징효과를 기대하기 힘들어진다.

4. 헤징 선물계약 및 인도월

헤징에 있어 선물계약을 이용하겠다는 의사결정을 하게 되면, 다음에는 어떤 선물계약을 헤징에 이용해야 할 것인가와 헤징 물량, 인도 등을 선택해야 한다. 만약 헤징대상 현물과 동일한 선물계약이 상장되어 있다면, 이 종목을 헤징 수단으로 이용하면 될 것이다.

그러나 헤징대상 현물과 동일한 선물계약이 상장되어 있지 않을 경우에는 헤징대상 현물과 가장 강한 가격 상관관계를 가진 선물계약을 찾아내야 한다. 이와 같이 헤징대상 현물과 유사한 가격 움직임을 보이는 선물계약으로 헤징을 하는 것을 교차 헤징(Cross Hedging)이라고 하는데, 교차 헤징에 이용할 대상 선물계약은 흔히 회귀분석(Regression Analysis)을 통해 선택한다.

인도월을 선택하는 데는 헤징기간과 시장 유동성, 각 인도월 계약의 상대적 가격 등을 고려해야 한다. 인도월의 선물계약이 원월물일 경우에는 시장 유동성이 낮아 불리한 가격으로 포지션을 취하거나 청산할 수도 있다.

따라서 인도월을 정하는 데는 이 점이 고려되어야 할 것이다. 또한 선물가격은 인도월별로 정상적인 가격과 괴리를 가지며 형성될 수도 있다. 비정상적인 가격은 재정거래로 인해 다시 정상적인 가격으로 되돌아가기 때문에 헤징할 때도 이를 이용해 이익을 볼 수 있다.

즉, 매입헤징의 경우에는 상대적으로 가격이 싼 인도월의 선물계약을 매입하고, 매도헤징의 경우에는 상대적으로 가격이 비싼 인도월의 선물계약을 매도하면 추후에 베이시스가 유리한 방향으로 움직여 헤저에게 이익으로 돌아갈 것이다.

또한 베이시스는 시간이 지남에 따라 수렴하게 되는데 이에 따라 다른 상황이 동일할 경우, 특정 형태의 헤징이 다른 형태의 헤징에 비해 유리해질 수 있다. 즉, 현물가격이 선물가격보다 높은 포지티브 캐리(Positive Carry) 또는 백워데이션(Bachwardation) 시장에서는 매입헤징이, 현물가격이 선물가격보다 낮은 네거

티브 캐리(Negative Carry) 또는 콘탱고(Contango) 시장에서는 매도헤징이 유리할 것이다.

헤징 물량은 만약 헤징대상 현물과 동일한 선물계약을 헤징에 이용할 경우에는 단순히 헤징대상 현물의 물량을 선물계약의 계약단위로 나누어서 구할 수 있다. 그러나 현물가격의 변동 폭과 선물가격의 변동 폭이 동일하지 않을 경우에는 이를 고려해서 현물 1단위에 대한 필요선물의 물량을 구해야 하는데, 이 비율을 헤징비율(HR, Hedging Ratio)이라고 한다.

5. 헤징 비용 및 비용-편익 분석

헤징에 이용할 선물계약과 인도월, 헤징 물량이 결정되고, 또한 헤징 전략이 결정되면 다시 헤징에 대한 비용-편익 분석(Cost-Benefit Analysis)이 필요하다. 이 단계에서의 비용-편익 분석에서는 보다 구체적인 헤징 전략에 소요되는 비용과 이 헤징 전략을 구사해서 얻는 편익을 비교분석해야 한다.

헤징 비용으로는 선물거래에 따른 거래비용, 헤징 프로그램 관리 비용, 증거금으로 쓰이는 이자비용, 기회손실, 베이시스 위험 등이며, 편익은 헤징을 함으로써 제거되는 위험을 평가해야 한다.

6. 헤징 프로그램 시행 및 피드백

모든 의사결정과정을 거쳐 헤징 프로그램을 시행해야 한다는 결론이 나면, 수립된 헤징 프로그램에 따라 헤징에 착수해야 한다. 그런데 실제 헤징을 하게 되면, 시장 상황의 변동이나 계획의 변경 등으로 인해 헤저가 원하는 방향으로 헤징이 이루어지지 않을 경우도 있다.

헤징 완료 후에는 사전에 정한 목표 수익률 및 목표 위험 분산과 헤징 결과 나타난 수익률 및 위험 분산을 헤징 전과 비교해서 외형적 성과를 평가할 뿐만 아니라 총체적으로 헤징 프로그램을 평가, 분석해 이 결과를 피드백해서 추후 헤징 프로그램에 반영해야 한다.

PART 8

탄소배출권
선물시장 투자전략

CO₂

PART 8
탄소배출권 선물시장 투자전략

탄소배출권거래제도는 할당대상업체의 온실가스 배출 감축목표 달성과 제도대응에 따른 배출권 제출 시, 시장을 통한 배출권거래 외에도 다양하고 유연한 방법을 이용할 수 있다. 자산(잉여)-부채(부족) 차원에서 유무상할당에 따른 대응전략과 유연성 메커니즘(Flexible Mechanism) 전략을 활용할 수 있다.

유연성 메커니즘의 대표적인 것들은 이월 및 차입, 조기감축실적, 상쇄제도로 분류된다. 이들 방법은 온실가스 감축대응 방안들로 감축 원가와 탄소배출권 시장가격 간의 비교우위 분석으로 전략적인 감축대응 옵션들이다.

잉여업체의 경우 매도, Sell & Buy(매도와 매입), 이월을, 반면 부족업체의 경우 매입, Buy & Sell(매입과 매도), 차입에 대해 고민해야 하는 상황이다. 본 장에서는 탄소배출권 선물상품 명세를 살펴보고 선물을 이용한 실질적이고 구체적인 대응 방안들을 모색하고자 한다.

탄소배출권
선물상품 명세

탄소배출권 선물시장은 배출권 가격변동 완화 및 배출권 투자 시 위험회피 수단을 제공하기 위해 탄소배출권 선물시장을 도입하기에 이르렀다. 2024년 말까지 탄소배출권 선물상품 세부 운영방안을 설계하고 2025년부터는 시스템 작업 및 선물시장 개설을 추진할 계획이다.

탄소배출권 선물상품을 위한 기본방향은 첫째, 탄소배출권 현물시장 및 해

[자료 8-1] 탄소배출권 선물상품 명세(안)

구분	내용	구분	내용
기초자산	할당배출권(KAU)	상품명칭	할당배출권 선물
최종거래일	결제월 마지막 월요일	최종결제일	최종거래일 이후 3번째 거래일
거래승수	100 (거래단위 : 100KAU)	1계약 금액	100만 원 (=가격 10,000×100)
호가단위	현물과 동일	상장 결제월	3, 6, 9, 12월물 및 7, 8월물
호가접수	08:30~15:45	최종결제방법	실물인수도

출처 : NAMU EnR 금융공학 & 리서치센터, KRX

외 탄소배출권 선물시장과의 정합성을 고려했고 둘째, 초기 유동성 확보를 위해 해외사례를 일부 변경 및 보완해 설계되었다.

탄소배출권 자산 및 부채관리 전략

1. 탄소배출권 자산(잉여)관리 전략

배출권 수량관점에서 할당량이 인증량보다 많은 경우 배출권에 대한 자산관리 영역에 해당된다. 한편 배출권 가격관점에서는 최적 균형가격 대비 시장가격이 고평가되어 있는지, 아니면 저평가되어 있는지에 따라 매도대응 전략과 이월대응 전략으로 구분된다.

이월(Banking)은 할당량보다 배출량이 적은 경우, 잉여분에 대해 현 계획기간 내의 다음 이행연도 또는 다음 계획기간의 최초 이행연도로 이월이 가능하다. 잉여분에 대한 이월 후 리스크는 탄소배출권의 가격하락과 탄소배출권 처분 리스크에 노출된다.

이월 목적은 향후 탄소배출권 가격의 상승전망 전제되는 대응전략이며, 이월 이후 잉여 탄소배출권 처분에 대한 고민과 더불어 가격하락 위험을 방어하기 위해 탄소배출권 선물 매도포지션 대응이 필요하다.

KAU Asset		KAU Futures Short Position	
▶ 할당량(KAU)	50,000	▶ 인증량(KAU)	45,000
▶ 잉여량(KAU)	5,000	▶ KAU Futures 계약수	-50.0
Date	KAU Spot	Date	KAU Futures
'25.01.10	₩45,000	'25.01.10	₩47,000
'25.12.29	₩30,000	'25.12.29	₩30,000
KAU Spot P/L	-₩75,000,000	KAU Futures P/L	₩85,000,000
Net P/L		₩10,000,000	

※ KAU Futures 1 Lot = KAU 100톤

출처 : NAMU EnR 금융공학 & 리서치센터

[자료 8-2]는 잉여 탄소배출권에 대한 위험관리로 탄소배출권 선물포지션 대응 시 손익결과를 분석한 표다. 할당량 50,000톤, 인증량 45,000톤으로 잉여량이 5,000톤인 경우 선물매도 50계약을 매도할 경우 현물시장의 손실을 선물시장에서 이익으로 가격하락 위험을 제거하고 있다.

현물시장의 가격이 톤당 45,000원에서 톤당 30,000원으로 하락해 75,000,000원 손실을 본 반면에 선물시장에서는 매도를 통해 톤당 47,000원에서 톤당 30,000원으로 하락함에 따라 85,000,000원 이익이 발생해 순이익은 10,000,000원 발생했다.

2. 탄소배출권 부채(부족)관리 전략

배출권 수량관점에서 할당량이 인증량보다 적은 경우 배출권에 대한 부채관리 영역에 해당된다. 한편 배출권 가격관점에서는 최적균형가격 대비 시장가격이 고평가되어 있는지 아니면 저평가되어 있는지에 따라 매입대응 전략과 차입대응 전략으로 구분된다.

차입(Borrowing)은 할당량보다 배출량이 큰 경우, 부족분에 대해 계획기간 내 다른 이행연도에서 차입이 가능하나 다음 계획기간에서 차입은 불가능하다. 부족분에 대한 차입 후 리스크는 탄소배출권의 가격상승과 탄소배출권 확보 리스크다.

차기 이행연도의 할당량에서 차입이 가능한 만큼 향후 배출권 가격의 하락전망이 예상될 때 유효한 전략이다. 차입 이후에는 탄소배출권 확보와 더불어 가격상승 위험을 관리하기 위해서 탄소배출권 선물 매입포지션 대응이 요구된다.

[자료 8-3] 탄소배출권 부채(부족) 및 선물 매입 전략

KAU Liability		KAU Futures Long Position	
▶ 할당량(KAU)	50,000	▶ 인증량(KAU)	55,000
▶ 부족량(KAU)	-5,000	▶ KAU Futures 계약수	50.0
Date	KAU Spot	Date	KAU Futures
'25.01.10	₩27,000	'25.01.10	₩25,000
'25.12.29	₩30,000	'25.12.29	₩30,000
KAU Spot P/L	-₩15,000,000	KAU Futures P/L	₩25,000,000
Net P/L		₩10,000,000	

※ KAU Futures 1 Lot = KAU 100톤

출처 : NAMU EnR 금융공학 & 리서치센터

[자료 8-3]은 부족 탄소배출권에 대한 위험관리로 탄소배출권 선물포지션 대응에 따른 손익결과를 보여주고 있다. 할당량 50,000톤, 인증량 55,000톤으로 부족량이 5,000톤인 경우 선물매도 50계약을 매입할 경우 현물시장의 손실을 선물시장에서 이익으로 가격상승 위험을 제거하고 있다.

현물시장의 가격이 톤당 27,000원에서 톤당 30,000원으로 상승해 15,000,000원 손실을 본 반면에 선물시장에서 매입대응으로 톤당 25,000원에서 톤당 30,000원으로 하락함에 따라 25,000,000원 이익이 발생해 순이익은 10,000,000원 발생했다.

[자료 8-4] 탄소배출권거래 국면별 대응전략

구분	과부족	위험	대응전략	자산부채	위험관리
차입	부족	가격상승	유연성 대응	부채	선물 매입
자산	잉여	가격하락	시장 대응	자산	선물 매도
이월	잉여	가격하락	유연성 대응	자산	선물 매도
부채	부족	가격상승	시장 대응	부채	선물 매입

출처 : NAMU EnR 금융공학 & 리서치센터

외부감축사업과
위험관리 전략

 탄소배출권거래제에 있어 대응전략은 매우 다양하다. 그중 CDM 프로젝트나 외부감축사업(KOC)을 통한 감축사업이 가장 대표적이다. 온실가스 감축사업을 통한 탄소배출권의 확보를 위해서는 감축할 프로젝트들에 대해서 감축 원가의 분석이 전제되어야 한다. 즉, 탄소배출권 시장가격과 감축 프로젝트의 감축원가를 비교해 감축 프로젝트의 감축원가가 저렴할 경우 감축 투자 집행으로 배출권을 확보하게 된다.

 감축 프로젝트 진행에 있어 한계감축비용은 고정가격의 성격으로 상대적 비교 대상이 되는 시장가격을 고정가격화해서 대응해야 한다. 탄소배출권 가격은 변동가격으로 감축 프로젝트의 원가보다 낮게 형성될 위험에 노출되어 있다. 감축 프로젝트 진행으로 탄소배출권을 확보하고자 할 경우 탄소배출권 선물 매도포지션을 구축한 후에 프로젝트를 진행해야 한다.

[자료 8-5] 외부감축사업(KOC)과 선물 매도대응

KOC Reduction Project		KAU Futures Short Position	
▶ KOC 감축원가(MAC)	5,000	▶ KAU Price - KOC MAC	
▶ KOC 확보물량	10,000	▶ KAU Futures 계약수	-100.0
Date	KAU Price - KOC MAC	Date	KAU Futures
'25.01.10	₩40,000	'25.01.10	₩42,000
'25.12.29	₩25,000	'25.12.29	₩25,000
KAU Spot P/L	-₩150,000,000	KAU Futures P/L	₩170,000,000
Net P/L		₩20,000,000	

※ KAU Futures 1 Lot = KAU 100톤

출처 : NAMU EnR 금융공학 & 리서치센터

[자료 8-5]는 외부감축사업을 통해 확보한 배출권(KOC)의 가격하락을 탄소배출권 선물매도로 헤징한 사례다. KAU 현물가격은 톤당 45,000원이고 KOC의 감축원가는 톤당 5,000원으로 양 배출권의 가격차이가 톤당 40,000원 차익거래가 가능하다.

그러나 2025년 말 현물시장 가격이 톤당 30,000원으로 하락해 배출권 간 가격 차이가 톤당 25,000으로 축소되면서 150,000,000원 손실이 발생했다. 반대로 선물시장에서 선물 매도 결과 170,000,000원 수익이 발생하면서 전체적으로 20,000,000원 수익이 발생했다.

자발적 탄소크레딧과 위험관리 전략

외부감축사업을 통해 확보한 탄소크레딧은 한국거래소에 KOC로 거래가 된다. KOC와 KAU간 가격 수준은 매우 높은 상관성을 보이고 있어 직접 헤징으로 대응이 가능하다. 그러나 자발적 탄소크레딧은 한계감축비용이 상이하고 KAU와의 가격 움직임은 상관성이 떨어지게 된다.

따라서 KAU와 VER간의 교차 헤징 관점에서 헤징 전략이 수립되어야 한다. 즉, 헤징시점과 헤징비율 등을 고려해 선물 매도포지션전략을 수립해야 한다.

[자료 8-6]은 자발적 탄소시장에서 감축 프로젝트를 통해 확보한 배출권 (VER)의 가격하락을 탄소배출권 선물매도로 헤징한 사례다. KAU 현물가격은 톤당 45,000원이고 VER의 감축원가는 톤당 5,000원으로 양 배출권의 가격 차이가 톤당 40,000원 차익거래가 가능하다.

그러나 2025년 말 현물시장 가격이 톤당 30,000원으로 하락해 배출권 간 가격 차이가 톤당 25,000으로 축소되면서 150,000,000원 손실이 발생했다. 반대로 선물시장에서 선물 매도 결과 170,000,000원 수익이 발생되면서 전체적으로 20,000,000원 수익이 발생했다.

[자료 8-6] 자발적 탄소크레딧(VER)과 선물 매도대응

VER(Voluntary Emissions Reduction)		KAU Futures Short Position	
▶ VER 감축원가(MAC)	5,000	▶ KAU Price - VER MAC	
▶ VER 확보물량	10,000	▶ KAU Futures 계약수	-100.0
Date	**KAU Price - VER MAC**	**Date**	**KAU Futures**
'25.01.10	₩40,000	'25.01.10	₩42,000
'25.12.29	₩25,000	'25.12.29	₩25,000
KAU Spot P/L	-₩150,000,000	KAU Futures P/L	₩170,000,000
Net P/L		₩20,000,000	

※ KAU Futures 1 Lot = KAU 100톤

출처 : NAMU EnR 금융공학 & 리서치센터

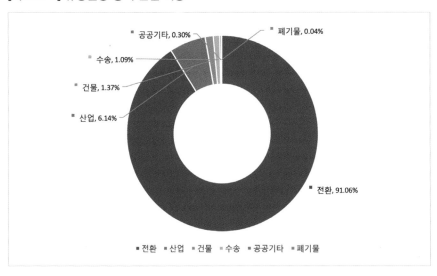

유상 경매시장과 위험관리 전략

탄소배출권 경매시장은 유상 할당대상업체들이 참여하는 시장이다. 경매시장에서 할당배출권 공급자는 정책당국으로 경매 수익확보를 위해서는 가격하락 리스크와 배출권 처분 리스크에 노출되어 있어 선물 매도포지션으로 리스크

[자료 8-7] 유상할당 중 부문별 비중

공공기타, 0.30%
폐기물, 0.04%
수송, 1.09%
건물, 1.37%
산업, 6.14%
전환, 91.06%

전환 ▪ 산업 ▪ 건물 ▪ 수송 ▪ 공공기타 ▪ 폐기물

출처 : NAMU EnR 금융공학 & 리서치센터, GIR

관리가 필요하다. 반면에 배출권이 부족한 유상 할당대상업체들은 가격상승과 배출권 확보 리스크에 노출되어 있어 선물 매입포지션으로 리스크를 관리해야 한다.

유상 할당대상업체들은 총할당량 중 10%는 유상, 나머지 90%는 무상으로 할당됨에 따라 가격 및 유동성에 대한 리스크 관리의 필요성은 극히 제한적이다. 또한 유상할당 중 부문별 비중을 살펴보면 공공성격의 전환부문이 91.1%를 차지하고 있다.

시장 안정화조치와
위험관리 전략

탄소배출권 시장 안정화조치를 통한 적정 가격과 적정 물량통제는 2030 NDC와 2050 탄소중립 달성을 위해 매우 중요한 제도다. 유럽 탄소배출권 시장은 경매시장을 이용해 백 로딩과 프론트 로딩의 정책 유연성을 채택해 시장관리의 효율성을 높이고 있다. 특히 비용억제 메커니즘과 적정 유통물량 통제로 가격과 물량을 통제하는 입체적인 시장조치들이 운영되고 있다.

국내 시장 안정화조치는 직전 2개 연도를 기준으로 시장 안정화조치(MSR, Market Stability Reserve)의 준거가격(거래량 가중평균가격)를 설정하고 있다. 상단은 배출권 가격이 6개월 연속으로 직전 2개 연도 평균가격보다 3배 이상으로 높게 형성될 경우, 최근 1개월 평균 거래량이 직전 2개 연도의 동월 평균 거래량 중 많은 경우보다 2배 이상 증가하고 최근 1개월 평균가격이 직전 2개 연도 평균가격보다 2배 이상 높은 경우 시장 안정화조치가 발동한다. 반면 하단은 최근 1개월 평균가격이 최근 2개 연도 이동평균가격보다 100분의 70 이상 낮은 경우에 발동한다.

시장 안정화조치와 관련해 정책당국의 위험관리는 상단가격 〈 시장가격이면 가격하락 및 배출권 처분 리스크를 관리할 경우 선물매도 포지션으로 대응해야 한다. 반대로 하단가격 〉 시장가격이면 가격상승 및 배출권 확보 리스크를 관리를 위해 선물매입 포지션으로 대응해야 한다.

[자료 8-8] 시장 안정화조치(MSR) 준거가격 및 상하단 가격 (단위 : 원/톤)

구분	17년	18년	19년	20년	21년	22년	23년	24년
준거가격 3	50,316	61,615	65,256	73,091	87,193	73,003	60,442	34,510
준거가격 2	33,544	41,077	43,504	48,728	58,129	48,669	40,295	23,006
준거가격	16,772	20,538	21,752	24,364	29,064	24,334	20,147	11,503
준거가격 0.6	10,063	12,323	13,051	14,618	17,439	14,601	12,088	6,902
시장가격	21,131	22,237	29,126	29,026	19,709	20,633	9,987	8,795

출처 : NAMU EnR 금융공학 & 리서치센터, GIR

[자료 8-9] 탄소배출권 선물시장 대응전략

구분		과부족	가격 위험	수량 위험	위험관리
자산부채 관리	자산	잉여	가격하락	배출권 처분	선물 매도
	부채	부족	가격상승	배출권 확보	선물 매입
유연성 메커니즘	자산	잉여	가격하락	배출권 처분	선물 매도
	부채	부족	가격상승	배출권 확보	선물 매입
유상 경매시장	자산	잉여	가격하락	배출권 처분	선물 매도
	부채	부족	가격상승	배출권 확보	선물 매입
시장 안정화 조치	자산	잉여	가격하락	배출권 처분	선물 매도
	부채	부족	가격상승	배출권 확보	선물 매입
외부 감축사업	자산	잉여	가격하락	배출권 처분	선물 매도
	부채	부족	가격상승	배출권 확보	선물 매입
자발적 탄소크레딧	자산	잉여	가격하락	배출권 처분	선물 매도
	부채	부족	가격상승	배출권 확보	선물 매입

출처 : NAMU EnR 금융공학 & 리서치센터

PART 9

탄소배출권
상장지수펀드

PART 9
탄소배출권 상장지수펀드

상장지수펀드(ETF, Exchange-Traded Fund)는 주식시장에 상장되어 거래되는 펀드형 상품이다. 주식처럼 실시간으로 매매가 가능한 금융상품으로 주가지수나 특정 자산군(원자재, 채권, 통화 등)을 추종하며, 투자자들은 이를 통해 간접적으로 다양한 자산에 분산 투자가 가능하다.

또한 상장지수펀드는 펀드의 유연성과 주식 거래의 간편함을 결합한 상품으로, 상대적으로 저렴한 비용으로 다양한 자산군에 투자할 수 있으며, 실시간으로 매매할 수 있어 유동성과 편리성을 제공한다.

증권시장에 "계란을 한 바구니에 담지 말라"라는 격언이 있다. 분산 투자의 중요성을 강조한 말이다. 이에 맞추어 나온 대표적인 금융상품이 상장지수펀드다.

상장지수펀드는 특정자산의 가격 또는 특정지수의 변화에 연동해 운용하는 것을 목표로 하는 펀드로, 거래소에 상장되어 주식처럼 거래된다. 상장지수펀드는 지수의 움직임에 연동하도록 설계되기 때문에 적은 자금으로도 분산 투자가 가능하다.

상장지수펀드(이하 ETF) 시장은 설정 및 해지되는 발행시장과 이미 발행된 ETF가 거래소를 통해 매매되는 유통시장(Secondary Market)으로 구분된다. 발행시장에서는 지정참가회사를 통해 설정·환매가 일어나고, 유통시장에서는 일반 투자자들과 지정참가회사가 거래소를 통해 ETF를 매매한다.

최근 들어 ESG(환경·사회·지배구조) 지속가능경영과 '2050 탄소중립'에 대한 사회적 이슈가 부각되면서 지난 9월 30일, 글로벌 탄소배출권 선물에 투자하는 ETF 4종이 상장되었다.

2021년 9월 상장된 탄소배출권 선물 ETF는 유럽과 미국 탄소배출권 선물시장에 투자하는 상품으로 2020년 말 기준, 유럽 탄소배출권 시장규모는 2,014억 유로, 미국 탄소배출권 시장규모는 206억 유로로 세계 1, 2위를 차지하고 있는 시장이다.

특히 유럽 탄소배출권 선물가격은 2021년 10월 5일 기준, 톤당 63.94유로로 사상 최고치를 연이어 경신하고 있다. 이러한 급등 배경에는 주요 국가들의 온실가스 감축목표 상향 조정, 경기회복에 대한 기대감, 화석연료의 가격상승, 풍부한 글로벌 유동성, 국제 운송 관련 기구(IATA, IMO)들의 탄소중립 움직임 강화 등으로 요약된다.

삼성자산운용이 출시한 'KODEX 유럽탄소배출권선물ICE(H)'는 ICE선물거래소에 상장된 유럽 탄소배출권 선물에 투자하는 상품으로 'ICE EUA Carbon Futures Index(Excess Return)'를 추종하고 있다.

NH아문디자산운용의 'HANARO 글로벌탄소배출권선물ICE(합성)'는 'ICE Global Carbon Futures Index(Excess Return)'를 추종하는 상품이다. 신한자산운용은 S&P GSCI Carbon Emission Allowances(EUA)(EUA) Excess Return을 추종하는 유럽 탄소배출권 선물과 IHS Markit Global Carbon Index(Total Return)를 추종하는 글로벌 탄소배출권 선물을 각각 출시했다.

[자료 9-1] 상장지수펀드(ETF) 개요

구분	주요 내용
정의	특정지수의 수익률을 추종하도록 구성된 펀드를 거래소에 상장시킨 상품
장점	분산 투자, 저렴한 비용, 높은 투명성, 유동성
단점	시장 수익률 추종, 추종 오차
투자 유의사항	투자 목표 설정, 지수 분석, 운용보수 비교, 시장 상황 파악

출처 : NAMU EnR 금융공학 & 리서치센터, KRX

ETF 주요 특징을 살펴보면 다음과 같다.

첫째, 특정 지수(예 : S&P500, KOSPI200), 산업군, 원자재, 통화, 채권 등의 기초자산을 추종하고, 투자자는 ETF를 매수함으로써 기초자산에 간접적으로 투자하는 효과를 얻을 수 있다.

둘째, ETF는 주식시장에 상장되어 있어 주식과 동일한 방식으로 실시간으로 매매가 이루어지며, 매매가격은 실시간으로 변동된다.

셋째, ETF는 여러 주식이나 자산으로 구성되어 있어 분산 투자 효과를 제공해, 이를 통해 특정 주식의 변동성에 대한 리스크를 줄일 수 있다.

넷째, 일반 펀드보다 운용 수수료가 낮으며 매매 수수료도 주식과 동일하게 적용되므로 장기적으로 투자 비용을 절감할 수 있다.

다섯째, ETF는 주식뿐만 아니라 원자재, 채권, 통화, 부동산 등 다양한 자산에 투자할 수 있어서 다양한 시장과 자산군에 쉽게 접근이 가능하다.

ETF의 장점을 살펴보면 다음과 같다.

첫째, ETF는 여러 주식이나 자산을 묶어 한 상품으로 거래하기 때문에, 적은 자본으로도 다양한 자산군에 투자할 수 있다.

둘째, 주식처럼 실시간 거래가 가능해 언제든지 시장에서 사고팔 수 있으므로 주식형 펀드보다 유동성이 뛰어나다.

셋째, 적극적인 운용이 필요 없으므로 수수료가 낮다.

넷째, ETF는 투자하는 기초자산의 구성이 투명하게 공개되기 때문에, 해당 ETF가 어떤 자산에 투자하고 있는지 쉽게 파악할 수 있다. 다섯째, ETF는 1주 단위로 거래되기 때문에 소액으로도 투자할 수 있어, 다양한 자산군에 접근하고자 하는 소액 투자자들에게 유리하다.

ETF의 단점은 다음과 같다.

첫째, ETF는 지수를 추종하는 방식이기 때문에 시장의 평균 수익률을 초과하기 어렵기 때문에 고수익을 기대하는 투자자에게는 적합하지 않다.

둘째, ETF는 기초지수나 자산의 성과를 정확히 추종하려 하지만, 때때로 추적 오차가 발생할 수 있다.

셋째, 특정 산업이나 주제에 집중된 ETF는 해당 산업의 부진 시 큰 손실을 볼 수 있다.

넷째, ETF는 보유한 자산에서 발생하는 배당금이나 이자수익을 분배하는데, 분배금이 재투자되지 않으면 복리 효과가 줄어들 수 있다.

KODEX
유럽탄소배출권선물ICE(H)

삼성자산운용의 'KODEX 유럽탄소배출권선물ICE(H)'는 ICE선물거래소에 상장된 유럽 탄소배출권 선물에 투자하는 상품으로 'ICE EUA Carbon Futures Index(Excess Return)'를 추종하며 바스켓 구성 종목은 1종목(EUA선물 12월물)으로 구성되었다.

선물 만기에 따른 차년도(12월물) 교체(Roll-Over)는 매년 9월, 10월, 11월의 첫 영업일 동안 총 45일에 걸쳐 33.3%씩 균등하게 정기변경이 이루어지고, 수수료에 해당하는 총보수는 0.64%다.

[자료 9-2] KODEX 유럽탄소배출권선물ICE(H)

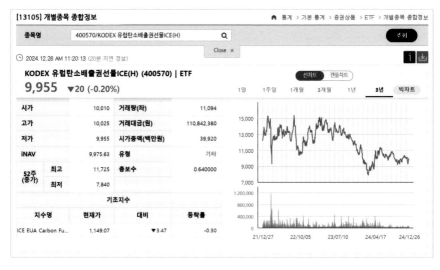

[13105] 개별종목 종합정보

종목명	400570/KODEX 유럽탄소배출권선물ICE(H)		조회

Close ×

2024.12.26 AM 11:20:13 (20분 지연 정보)

KODEX 유럽탄소배출권선물ICE(H) (400570) | ETF

9,955 ▼20 (-0.20%)

선차트 캔들차트

1일 1주일 1개월 3개월 1년 **3년** 빅차트

시가	10,010	거래량(좌)	11,094
고가	10,025	거래대금(원)	110,842,380
저가	9,955	시가총액(백만원)	39,920
iNAV	9,975.63	유형	기타
52주(종가) 최고	11,725	총보수	0.640000
52주(종가) 최저	7,840		

기초지수

지수명	현재가	대비	등락률
ICE EUA Carbon Fu...	1,149.07	▼3.47	-0.30

개요 일반

ETF종목명	삼성 KODEX 유럽탄소배출권선물ICE특별자산상장지수투자신탁[탄소배출권-파생형](H)	자산운용사	삼성자산운용
표준코드	KR7400570008	단축코드	400570
기초지수명	ICE EUA Carbon Futures Index(Excess Return)	지수산출기관	ICE Data Indices, LLC
순자산규모(백만원)	40,123	상장좌수(좌)	4,010,000
전일NAV	10,005.79	상장일	2021/09/30
펀드형태	수익증권형	과세유형	배당소득세(보유기간과세)
추적배수	일반	복제방법	실물(패시브)
기초시장(국내/해외여부)	해외	기초자산(주식/시장대표)	기타
분배금 기준일	회계기간 종료일(다만, 회계기간 종료일이 영업일이 아닌 경우 그 직전 영업일)		
유동성공급자(LP)	신한증권, 한국증권, 미래에셋증권, 메리츠, NH투자증권, KB증권, 유안타증권, SK증권, 삼성증권, 키움증권, 하나증권, 옐에스증권		

출처 : NAMU EnR 금융공학 & 리서치센터, KRX

SOL
유럽탄소배출권선물S&P(H)

신한자산운용에서 출시한 'SOL 유럽탄소배출권선물S&P(H)'는 'S&P GSCI Carbon Emission Allowances(EUA)(EUR) Excess Return'을 기초 지수로 추종하며 편입 대상종목 및 구성 종목 수는 ICE에 상장된 EUA선물 중 12월물로 1종목이다.

종목교체(Roll-Over)는 매년 11월 5번째 영입일로부터 9번째 영업일 동안 20%씩 균등하게 5영업일에 걸쳐 정기 종목변경이 이루어지고 총보수는 0.55%이다.

[자료 9-3] SOL 유럽탄소배출권선물S&P(H)

[13105] 개별종목 종합정보

통계 > 기본 통계 > 증권상품 > ETF > 개별종목 종합정보

| 종목명 | 400580/SOL 유럽탄소배출권선물S&P(H) | 🔍 | 조회 |

Close ×

⏱ 2024.12.26 AM 11:15:01 (20분 지연 정보)

SOL 유럽탄소배출권선물S&P(H) (400580) | ETF

10,100 ▼15 (-0.15%)

선차트 | 캔들차트

1일 | 1주일 | 1개월 | 3개월 | 1년 | **3년** | 빅차트

시가	10,100	거래량(좌)	2,906
고가	10,155	거래대금(원)	29,464,960
저가	10,100	시가총액(백만원)	9,090
iNAV	10,127.55	유형	기타
52주 (종가) 최고	11,775	총보수	0.550000
52주 (종가) 최저	7,740		

기초지수

지수명	현재가	대비	등락률
S&P GSCI Carbon ...	212.84	▲0.25	+0.12

개요 일반

ETF종목명	신한 SOL 유럽탄소배출권선물S&P특별자산상장지수투자신탁[탄소배출권-파생형](H)	자산운용사	신한자산운용
표준코드	KR7400580007	단축코드	400580
기초지수명	S&P GSCI Carbon Emission Allowances(EUA)(EUR)ER	지수산출기관	S&P
순자산규모(백만원)	9,142	상장좌수(좌)	900,000
전일NAV	10,158.16	상장일	2021/09/30
펀드형태	수익증권형	과세유형	배당소득세(보유기간과세)
추적배수	일반	복제방법	실물(패시브)
기초시장 (국내/해외여부)	해외	기초자산 (주식/시장대표)	기타
분배금 기준일	회계기간 종료일(종료일이 영업일이 아닌 경우 종료일의 직전영업일)		
유동성공급자(LP)	신한증권, 미래에셋증권, SK증권, 삼성증권, 키움증권, 하나증권		

출처 : NAMU EnR 금융공학 & 리서치센터, KRX

HANARO
글로벌탄소배출권선물ICE(합성)

NH아문디자산운용의 'HANARO 글로벌탄소배출권선물ICE(합성)'는 'ICE Global Carbon Futures Index(Excess Return)'를 추종하는 상품으로 바스켓 구성은 ICE에 상장된 EUA(유럽 탄소배출권)선물, CCA(캘리포니아 탄소배출권)선물, RGG(미국북동부 탄소배출권)선물 중 12월물을 대상으로 구성되었다.

보유 비중은 최대 60%(EUA선물)에서 최소 10.0%(RGGI선물)로 제한을 두고 있으며 12월물로의 종목교체(Roll-Over)는 매년 9월, 10월, 11월의 첫 영업일 동안, 총 45일에 걸쳐 33.3%씩 균등하게 정기변경이 진행된다. 총보수는 0.50%이다.

[자료 9-4] HANARO 글로벌탄소배출권선물ICE(합성)

[13105] 개별종목 종합정보

종목명: 401590/HANARO 글로벌탄소배출권선물ICE(합성)

> 통계 > 기본 통계 > 증권상품 > ETF > 개별종목 종합정보

2024.12.26 AM 11:24:07 (20분 지연 정보)

HANARO 글로벌탄소배출권선물ICE(합성) (401590) | ETF

9,605 ▲35 (+0.37%)

시가	9,570	거래량(좌)	3,398
고가	9,630	거래대금(원)	32,596,535
저가	9,570	시가총액(백만원)	6,243
iNAV	9,633.31	유형	기타
52주 (종가) 최고	11,045	총보수	0.500000
52주 (종가) 최저	8,380		

기초지수

지수명	현재가	대비	등락률
ICE Global Carbon ...	534.66	▼1.17	-0.22

개요 일반

ETF종목명	NH-Amundi HANARO 글로벌탄소배출권선물ICE 특별자산ETF(탄소배출권-파생형)(합성)	자산운용사	엔에이치아문디자산운용
표준코드	KR7401590005	단축코드	401590
기초지수명	ICE Global Carbon Futures Index(Excess Return)	지수산출기관	ICE Data Indices, LLC
순자산규모(백만원)	6,244	상장좌수(좌)	650,000
전일NAV	9,606.22	상장일	2021/09/30
펀드형태	수익증권형	과세유형	배당소득세(보유기간과세)
추적배수	일반	복제방법	합성(패시브)
기초시장 (국내/해외여부)	해외	기초자산 (주식/시장대표)	기타
분배금 기준일	회계기간 종료일 (다만, 회계기간 종료일이 영업일이 아닌 경우 그 직전 영업일)		
유동성공급자(LP)	한국증권, 미래에셋증권, 키움증권		

출처 : NAMU EnR 금융공학 & 리서치센터, KRX

SOL
글로벌탄소배출권선물ICE(합성)

신한자산운용의 'SOL 글로벌탄소배출권선물ICE(합성)'는 'IHS Markit Global Carbon Index(Total Return)'를 추종한다. 편입 대상종목은 12월물로 EUA선물 21~22년, CCA선물 21~22년, RGGI선물 21년 12월물 등 5개 종목으로 구성되어 있다.

보유비중의 경우 지역별로 상한 최대 65%, 탄소배출권 별로 하한 최소 10%로 제한을 두고 있고 정기 종목 변경은 11월 마지막 영업일보다 3영업일 전에 구성종목 확정하고, 12월 첫번째 영업일에 정기변경을 실시한다. 총보수는 0.55%이다.

투자에 앞서 살펴봐야 할 내용을 정리하면 다음과 같다. 국내 상장된 탄소배출권 선물 ETF 투자에 앞서 살펴봐야 할 내용을 정리하면 환헤지 여부 및 ETF 운용방식, 바스켓의 구성, 종목교체 방식, 추종 기초지수의 유형 등에 대한 명확한 이해가 필요하다. KODEX 유럽탄소배출권선물ICE(H)와 SOL 유럽탄소배출권선물S&P(H) ETF 상품은 환율 변동 위험을 헤지한 상품이다.

[자료 9-5] SOL 글로벌탄소배출권선물ICE(합성)

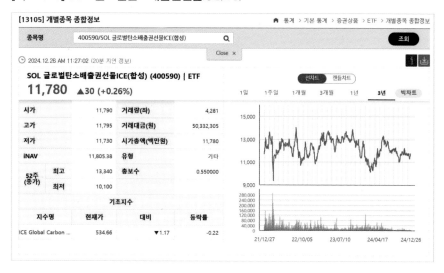

[13105] 개별종목 종합정보			🏠 통계 > 기본 통계 > 증권상품 > ETF > 개별종목 종합정보	
종목명	400590/SOL 글로벌탄소배출권선물ICE(합성) 🔍			조회

🕐 2024.12.26 AM 11:27:02 (20분 지연 정보)   Close ×

SOL 글로벌탄소배출권선물ICE(합성) (400590) | ETF
11,780 ▲30 (+0.26%)

시가	11,790	거래량(좌)	4,281
고가	11,795	거래대금(원)	50,332,305
저가	11,730	시가총액(백만원)	11,780
iNAV	11,805.38	유형	기타
52주 (종가) 최고	13,340	총보수	0.550000
52주 (종가) 최저	10,100		

기초지수

지수명	현재가	대비	등락률
ICE Global Carbon ...	534.66	▼1.17	-0.22

개요 일반

ETF종목명	신한 SOL 글로벌탄소배출권선물ICE특별자산 ETF[탄소배출권-파생형](합성)	자산운용사	신한자산운용
표준코드	KR7400590006	단축코드	400590
기초지수명	ICE Global Carbon Futures Index(Excess Return)	지수산출기관	ICE Data Indices, LLC
순자산규모(백만원)	11,776	상장좌수(좌)	1,000,000
전일NAV	11,776.21	상장일	2021/09/30
펀드형태	수익증권형	과세유형	배당소득세(보유기간과세)
추적배수	일반	복제방법	합성(패시브)
기초시장 (국내/해외여부)	해외	기초자산 (주식/시장대표)	기타
분배금 기준일	회계기간 종료일(종료일이 영업일이 아닌 경우 종료일의 직전영업일)		
유동성공급자(LP)	신한증권, 미래에셋증권, 메리츠, NH투자증권, 삼성증권, 키움증권		

출처 : NAMU EnR 금융공학 & 리서치센터, KRX

HANARO 글로벌탄소배출권선물ICE(합성)와 SOL 글로벌탄소배출권선물 IHS(합성)는 자산운용사가 직접 펀드를 운용하는 방식이 아니라 국내외 증권사 가 펀드 운용을 담당하고 자산운용사는 운용 증권사와 스왑(Swap)계약을 맺고 운용수익을 교환하는 방식이다(합성 ETF 스왑계약 유형은 **자금비공여형, 자금공여형**으로 구분됨).

상장지수펀드(ETF)가 추종하는 기초지수 유형의 경우 초과이익률(Excess Return)과 총수익률(Total Return)로 구분되어 있다. 초과이익률은 기초자산 투자에 따른 수익률과 롤-오버 비용을 반영하는 지수로 컨탱고(원월물 가격〉근월물 가격) 시장에서는 근월물 매도 원월물 매입하는 과정에서 손실이 발생할 수 있다. 반면에 총수익률지수는 ETF 펀드 자금 중 일부는 기초지수에 투자하고 남은 투자자금은 국채 등에 투자한 수익을 지수에 반영한다.

[자료 9-6] ETF 성과분석

구분	KODEX 유럽	SOL 유럽	HANARO 글로벌	SOL 글로벌
연간수익률	−19.36%	−17.92%	−10.57%	−6.99%
연간변동성	35.68%	37.30%	25.15%	25.76%
샤프레이쇼	−0.5427	−0.4805	−0.4204	−0.2715

출처 : NAMU EnR 금융공학 & 리서치센터, KRX

상장지수펀드(ETF)의 지역별 투자 비중을 살펴보면, KODEX 유럽탄소배출권선물ICE(H)와 SOL 유럽탄소배출권선물S&P(H) ETF는 유럽탄소배출권 12월 선물에 100% 투자하는 ETF다.

HANARO 글로벌탄소배출권선물ICE(합성)와 SOL 글로벌탄소배출권선물 IHS(합성) ETF는 유럽 탄소배출권 12월물에 74%, 미국 캘리포니아 탄소배출권 12월물에 20%, 미국 북동부 탄소배출권 12월물에 6%의 비중으로 투자한다.

결국, 유럽 탄소배출권의 가격상승 여부가 ETF 수익률을 결정하는 관계로 유럽 탄소배출권 시장에 대한 전반적인 이해와 더불어 탄소배출권의 수급 분석이 요구된다.

[자료 9-7] 탄소배출권 ETF 상품 비교

ETF 상품	KODEX 유럽탄소배출권선물 ICE(H)	HANARO 글로벌탄소배출권선물 ICE(합성)	SOL 유럽탄소배출권선물 S&P(H)	SOL 글로벌탄소배출권선물 IHS(합성)
운용사	삼성자산운용	NH-Amundi자산운용	신한자산운용	신한자산운용
기초지수	ICE EUA Carbon Futures Index (Excess Return) '13.12.31일=100.0pt	ICE Global Carbon Futures Index (Excess Return) '13.12.31일=100.0pt	S&P GSCI Carbon Emission Allowances(EUA)(EUA) (Excess Return) '07.11.30일=100.0pt	IHS Markit Global Carbon Index (Total Return) '14.07.31일=100.0pt
지수 산출기관	ICE Data Indices	ICE Data Indices	S&P	IHS Markit
티커	ICEEUA	ICECRBN	SPGSCEEP	GLCARB
신탁원본액	300억 원	80억 원	100억 원	80억 원
1좌당 가격	10,000원	10,000원	10,000원	10,000원
구성 종목 수	선물 1종목 (EUA 12월물)	선물 3종목 (EUA, CCA, RGGI 12월물)	선물 1종목 (EUA 12월물)	선물 5종목 (EUA 2, CCA 2, RGGI 112월물)
정기변경	9, 10, 11월의 첫 15영업일 동안 차년도 12월물로 교체 (총 45일동안 일기준 1/3씩 롤오버)	9, 10, 11월의 첫 15영업일 동안 차년도 12월물로 교체 (총 45일동안 일기준 1/3씩 롤오버)	매년 11월 5번째 영업일부터 9번째 영업일까지 차년도 12월물로 교체 (총 5일 동안 매일 20% 롤오버)	11월 마지막 영업일보다 3영업일 전에 구성종목 확정 12월 첫번째 영업일에 내역 최초 적용
총보수	0.64%	0.50%	0.55%	0.55%
AP / LP	KB, NH, 메리츠, 삼성, 신한, 기움, 한투	미래, 기움	기움, 신한	기움, 신한

출처 : NAMU EnR 금융공학 & 리서치센터, 삼성자산, 신한자산, NH아문디자산

[SOL 유럽탄소배출권선물인버스ICE(H)]

신한자산운용은 세계 최초 인버스형 탄소배출권 ETF(상장지수펀드)인 'SOL 유럽탄소배출권선물인버스ICE(H)'를 2021년 6월 20일 상장시켰다.

SOL 유럽탄소배출권선물인버스ICE(H)는 SOL 유럽탄소배출권선물 S&P(H)과 함께 유럽 탄소배출권 가격의 움직임에 대응할 수 있는 상품으로 유럽 탄소배출권의 가격이 하락할 때 ETF 주당 가격이 상승하는 구조다.
유럽 탄소배출권 시장은 선물시장이 발달되어 있고, 다양한 시장참여자의 거래가 활발하다. 이를 기반으로 한 다양한 파생 금융상품이 존재하기 때문에 글로벌 탄소배출권 시장 중 가장 활성화되어 있다.

톤당 70~100유로의 박스권에서 움직임을 보이는 유럽 탄소배출권 자산에 대해 양방향 트레이딩 수요를 충족시키기 위해 상장되었다. 유럽 탄소배출권의 가격레벨에 따라 박스권의 하단에서 SOL 유럽탄소배출권선물S&P(H)를, 상단에서 SOL 유럽탄소배출권선물인버스 ICE(H)를 활용할 수 있다.

장기적인 관점에서 변동성을 줄이고 우상향할 시장의 성장성을 원하는 투자자라면 유럽과 영국, 그리고 미국 탄소배출권 시장에 분산 투자하는 'SOL 글로벌탄소배출권IHS(합성)' ETF 투자를 고려해볼 만하다.

SOL 유럽탄소배출권선물인버스ICE(H) ETF는 유럽 탄소배출권(EUA) 선물가격 변동률의 역으로 1배 추종하는 상장지수펀드다. 즉, 탄소배출권 가격이 하락하면 이 ETF 가격은 상승하는 구조로, 경기침체나 에너지 수용감소 등으로 유럽탄소배출권 가격이 하락하는 국면에서는 유리한 투자수단이다.

기초지수는 ICE EUA Carbon Futures Custom Roll Index(Excess Return), 상장일 2023년 6월 20일, 총보수 연 0.55%, 주요 구성자산은 유럽탄소배출권(EUA)선물로 구성되어 있다.

[SOL 유럽탄소배출권선물인버스ICE(H)]

출처 : NAMU EnR 금융공학 & 리서치센터, KRX

PART 10

유럽 탄소배출권 시장
운영 경험

PART 10
유럽 탄소배출권 시장 운영 경험

본 장은 한-EU 배출권거래제 기술협력 사업(2016년 7월 8일 출범식)의 일환으로 지난 2017년 9월 13일에 진행되었던 'K-ETS 2기 시장 활성화를 위한 토론회' 자료로 EU-ETS 장외 파생상품 시장, EU-ETS 시장조성자제도, EU-ETS 경매 시장을 정리했다.

기술협력 사업은 국내 배출권거래제의 이행과 운영을 지원하는 데 중점을 두고, 향후 차기 배출권거래제 정책 개발 과정에서 협력하는 방향으로 추진되었으며 유럽연합의 'EU 동반자 국가 대상 협력사업 기금'으로 350만 유로(한화 44억 원) 규모로 진행되었다.

기술협력 사업에서는 전문가 자문 지원, 유럽 현지 정책 조사, 전략 및 기술 워크숍 등을 수행했다. 특히 벤치마크 할당과 경매, 탄소 가격 모델링 이슈 등을 중점적으로 다루었고 민간부문을 위해 배출권거래제 대응과 감축기술에 관련 워크숍 개최로 배출권거래제의 원활한 이행을 지원했다.

유럽 탄소배출권 시장 현황

EUA 가격은 2023년 2월에 처음으로 100유로/tCO₂에 도달한 후 지속적인 하락세를 보였다. 이러한 가격하락은 경기둔화에 따른 에너지 수요감소, 석탄에서 가스로의 연료 전환 증가, 재생 에너지 생산 증가, EU 기후 정책에 기인했다.

EUA 선물가격은 현물가격 수준과 동일한 수준으로 유지되었으며 변동성 또한 2022년 수준 이하로 유지되었다. EU-ETS GHG 배출량은 급격히 감소했지만 경매시장에서 프론트 로딩으로 인해 전체 EUA 공급이 일시적으로 증가했다. 그러나 시장 안정화를 백 로딩으로 유통되는 배출권 수급은 안정세를 보였다.

2023년에는 5억 2,300만 개의 배출 허용량(440억 유로)이 경매로 공급되었으며 이는 2022년 대비 7% 증가한 수치다. 경매시장은 수요 우위로 높은 응찰률을 보였으며 경매 참가자 수는 경매 회차당 약 20업체가 참여했다.

비금융 부문 기업과 함께 투자 회사 및 신용기관들이 경매시장에 참여했다.

대부분의 EUA는 독일에 소재한 법인(57%)이 매수했다. 낙찰물량은 소수의 시장 참가자에게 상당히 집중되어 있었으며, EUA의 90%는 상위 10개 참가자가 인수했다.

EUA 매매는 2023년에 전반적으로 안정적이었으며, 3월과 12월의 거래량 급등세는 선물 만기에 따른 선물계약의 롤오버에 기인한다. 2023년에 320만 건의 거래를 통해 93억 톤의 CO_2 상당 배출량(tCO_2, 6,480억 유로에 해당)이 EU 거래소에서 거래되었다.

장외 거래는 장내 거래에 비해 훨씬 작았으며, 총 8억 6,400만 tCO_2(725억 유로)가 거래되었다. 투자회사와 신용기관이 거래소 내 및 장외 시장을 이끌면서 총거래량의 56%를 차지했고, 비금융 기관 25%, 투자 펀드 12% 순으로 이어졌다.

거래량의 68%는 비 EEA 기관(미국 34%, 영국 24%)이 거래했으며, 가장 활발한 EEA 기관은 독일(14%)과 네덜란드(8%)가 차지했다. 거래량 대부분은 선물계약(99%)으로 체결되었다. 현물 계약은 12월에 OTC 거래량이 크게 증가했다.

파생상품 시장은 금융 중개업체와 이행 의무기관 간 거래가 체결되었다. 이를 반영해 EUA 파생상품의 포지션은 EU ETS의 연말 빈티지를 중심으로 거래가 활발히 이루어졌다. 12월 계약은 2023년에도 가장 많이 거래되었다. 평균적으로 406개 펀드가 모든 EUA 포지션의 약 6%를 보유했으며, EUA 가격이 하락함에 따라 펀드는 연중에 점점 더 매도우위의 포지션으로 돌아섰다.

[자료 10-1] 유럽 탄소배출권 가격 vs 천연가스가격

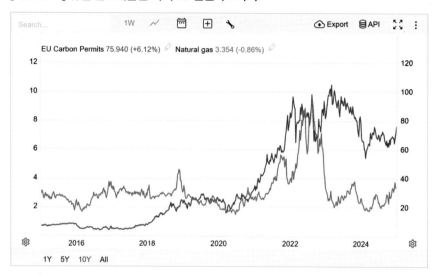

출처 : Trading Economics

EU-ETS 장외 파생상품 시장*

1. 목적

본 자료는 'K-ETS 2기 시장 활성화를 위한 전문가 토론회'의 자료로 사용하기 위해 준비되었다. EU-ETS 장외(OTC) 파생거래의 거래 구조 및 관련 예시와 경험을 수록과 함께 K-ETS에 대한 시사점을 제시하고자 한다.

2. EU-ETS 경험

(1) A사 사례

거래 구조의 상세 내용에 들어가기에 앞서, 배출권 신용거래의 대표적 위험을 살펴보고자 한다. A사는 올해 말에 인도되는 배출권 100,000톤을 구매하고자 한다. 현금 흐름을 원활히 하기 위해, A사는 운전자본을 최대한 보유하고, 당일 현물 구매를 회피하고자 한다. 그러나 A사는 현재 가격에 배출권을 고정함으로써, 미래 가격변동에 따른 위험을 피하고자 한다. B사는 A사에 배출권

---

* 한-EU 배출권거래제 기술협력 사업, K-ETS 2기 시장 활성화를 위한 토론회, 2017. 9. 13

100,000톤을 12월 1일 인도 조건으로 25,000원에 공급하기로 합의했다. 관련 위험은 다음과 같다.

> • 구매자 : 가격이 상승해서 판매자가 물건을 인도하지 않는 위험
> • 판매자 : 가격이 하락해서 구매자가 대금을 지급하지 않는 위험

위험은 현재 시장가격과 계약가격의 차이에 거래량을 곱해 산출한다. 가격은 제로(0)까지 하락할 수 있으나, 상승한도는 이론적으로 무한대다. 계약이 종료되는 시점까지의 기간(만기)이 길수록 위험은 커진다.

따라서 계약 쌍방은 예상 시세동향에 따른 '신용 한도'를 상대방에게 부여하고자 할 것이다. 예상 시세동향은 과거 변동성을 분석해 얻을 수 있다. 종종 쌍방이 전적으로 위험 부담을 지고 더 이상의 담보를 요구하지 않는 경우도 있지만, 보통은 각자 부담할 수 있는 위험에는 양적 한도가 있다.

예를 들어, 위험노출 한도를 5억 원으로 정한다면, 단가는 위험 한도(5,000 × 100,000)에 도달하기 전까지 5,000원 내외에서 상승 및 하락할 수 있다. 위험 한도는 증거금 기준(Margin Threshold)이라고도 한다. 위험이 증거금 기준을 상회하게 되면, 위험에 노출된 당사자는 추가 금액에 대한 담보(증거금 예치)를 제공해야 한다.

가격이 19,000원으로 하락한다면, 판매자는 1,000×100,000=1억 원의 증거금 예치를 요구할 수 있다. 이러한 증거금은 일일 기준으로 청구되고 예치되며, 가격이 합의한 위험 범위 내로 복귀하게 되면 반환된다.

(2) 장외 거래 vs 장내 거래

① 장내 거래

거래소 회원은 일일 기준으로 증거금을 예치해야 하는 관계로 거래소의 경우 위험을 회피한다. 그러나 소규모 거래인에게 있어 일일 단위의 증거금 예치는 대단히 부담이 가는 일이라 일부만 '기초 증거금'으로 미리 예지하기를 요구하기도 한다. 일반적으로 거래소 거래는 다음과 같은 특징이 있다.

- 장외 거래보다 현금 부담이 적음(기초 증거금(IM)만 예치)
- 일일 증거급(변동증거금(VM))
- 모든 매도/매수호가에 대한 공통 플랫폼
- 익명의 매수인과 매도인
- 거래소를 통해 거래하기 위해서는 일정 조건을 충족해야 함
- 거래가 표준화되어 있음
- 매도와 매수가 용이하고 유동성을 확대함
- 프랍 트레이더*는 거래소를 통한 거래를 선호함

② 장외 거래(OTC)

장외 거래는 양자 계약이며, 개별적으로 조건을 협상하거나, 표준화된 계약을 이용한 계약은 '마스터계약서'를 바탕으로 각 거래 건마다 거래 조건을 요약한 부속서로 대체하는 형태이거나, 거래마다 건건이 계약을 체결하는 단일 거래 계약일 수도 있다.

---

* 자기자본과 회사 자본을 이용해 금융시장에서 거래를 수행하는 전문 투자자로 주식, 외환, 선물 등 다양한 자산을 거래하며, 투자전략을 통해 수익을 창출함.

- 장외 거래를 이용하면 거래소를 통해 거래하지 않는 대상과도 거래가 가능함
- 장외 거래는 맞춤형 계약 구조와 탄소 금융을 가능하게 함
- 양자 간 위험 노출
- 표준화가 필요 없으므로, 거래하기 어렵고, 거래를 종료하기도 어려움
- 매매비용, 정산비용, 인도비용이 발생하지 않고, 회비 및 이용수수료도 없음
- 인도와 인수가 여러 번 발생할 수 있음

장외 거래의 대표적인 결제방식은 아래 두 가지로 현물 결제와 선도 결제로 이루어진다. 현물거래는 기간이 짧기 때문에 신용 위험이 최소화된다(1일~5일). 많은 은행 및 '배출권수집자'(중개자)는 자사의 고객과 현물거래 계약을 체결한다.

일반적으로 대금 지불은 인도 후 이루어지나, 일부의 경우 선불 요청이 있을 수도 있다. 단점은 현물거래는 매수자의 운전자금을 묶어두게 된다. 현금 흐름을 원활하게 하기 위해 의무 사업장들은 이행 마감일에 맞추어 결재하는 방식을 선호한다. 기업의 신용 가치가 낮아 선도거래를 하기 어렵거나 거래 비용이 비싸진다면, 가격 위험 관리와 현금흐름 간 균형을 맞추어야 한다.

선도 결제는 종종 은행과 고객사 간 합의로 이루어지는데, 이는 은행이 이미 고객사의 신용 한도를 보유하고 있기 때문에 가능하다. 은행은 이를 고객사와의 비즈니스를 지속하기 위한 서비스의 일환으로 제공한다. 고객사는 운전자금에 미치는 영향을 최소화하고 거래소에서 요구하는 증거금 의무를 피하기 위해 선도거래를 선호한다.

하지만 은행과의 거래에서도 신용한도를 사용해야 하므로, 대개 선도거래는 높은 수준의 증거금(Mark-Up)을 수반한다. 상대방의 신용 가치를 평가하기 위해서, 신용평가기관은 평가순위, 신용부도 스와프, 회계보고서 등의 정보를 참고한다.

③ OTC 청산 거래(KRX 협의 매매)

다수의 매수자와 매도자가 직접 거래하는 거래소 거래와 양자가 계약을 체결하는 장외 거래와 달리, 두 개의 방식을 결합하는 제3의 거래 방식이 있다. 거래 조건은 양자 간, 또는 중개인을 통해서 협의될 수 있으며, 조건이 합의되면(가격, 수량), 해당 거래는 거래소로 넘어가 청산하게 된다. 즉, 거래하기 위한 체계로 거래소를 이용하나 거래 조건은 사전 협상한다는 의미로 양자 모두 거래소 회원이어야 한다.

예를 들면 어느 업체가 대규모의 거래를 해야 하는 경우, 시장 충격으로 장내 거래소에 주문 내기를 우려하는 경우도 있다. 중개인을 통해 대규모 거래에 대한 시장의 반응을 익명으로 테스트해 본 후, 누군가가 관심을 보이면 거래소를 통한 결제분 전제로 협상을 시작해 합의에 이르면 거래소로 넘겨 청산할 수 있다.

2017년 상반기 EU-ETS에서 거래소를 통해 정산한 장외 거래량이 순수한 양자 장외 거래 물량의 약 2배에 달하고 있으나 전반적으로 EUA 장내 거래량이 장외 거래량보다 훨씬 많다.

총 장외 양자 간 거래량	총 장외 거래소 청산량	총 장외 거래량
362백만 톤	723백만 톤	1,085백만 톤

출처 : LEBA

(3) 장외 거래 상품

① 현물거래

- 거래체결 + 2일 내 인도 + 3일 내 결제

② 선도거래

- 거래체결 + X일 내 인도 + 3일 내 결제

③ 스왑

스왑은 한 종류의 상품과 다른 종류의 상품을 교환하는 거래를 뜻한다. 양 상품간 가격 차이를 대부분 현금으로 지급하나, 가격이 낮은 상품 양을 늘리는 방법으로 결제하는 경우도 있다.

예를 들면, 한 기업이 할당배출권(KAU)와 상쇄배출권(KCU)를 스왑하고, 가격 차이를 현금으로 받을 수 있다. 이는 보통 두 거래를 동시에 하는 구조로 대금 결제는 서로 상쇄하되 가격 차이만큼만 지불한다.

④ 레포(Repo : 타임 스프레드)

레포는 배출권 양의 변화가 없는 일종의 금융거래로 내부 금융조달 비용과 시장의 타임 스프레드 간에 차익거래 기법이다. 현물(A 매도, B 매수)과 선물(B 매도, A 매수) 두 거래 가격이 동시에 결정되므로, 내재 이자율은 거래시점에 고정된다.

예를 들어 A사는 무상할당을 받았고, 금융조달 이자율은 연 8%, 탄소시장에서의 연간 스프레드는 4%인 경우 A사는 B사에게 100,000톤을 현물 매도 후, 물량을 인도하고 결제받았다. 1년 후, A사는 초기 판매 가격에 4% 이자를 붙여 배출권을 재매입했다. 이 방법으로 A사는 은행으로부터 8%에 금융을 조달하는 대신, 조달비용을 4%로 낮추어 결국 금융비용은 4% 절약했다.

B사의 금융조달 비용이 2%인데, A사에 배출권 가치에 해당되는 자금을 '빌려주고' 1년 후 4%를 더해 받는다면, B사는 결국 2%에 해당하는 이윤을 창출하는 셈이다.

레포는 기업이 무상할당 받은 배출권을 이용할 수 있도록 하고, 반면에 시장 스프레드는 시장보다 싸게 돈을 조달할 수 있는 기업이 저위험으로 수익을 볼 수 있다(거래소에서 **청산할 경우**).

한 사례를 들면, 2011년과 2012년 씨티그룹은 5억 유로가 넘는 4%짜리 후자자 채권을 발행하고, ICE의 8% 스프레드거래를 통해 위험을 헤징했다. 이 거래를 통해 씨티그룹은 매우 적은 위험으로 25%가 넘는 이윤(**12.5백만 유로**)을 창출할 수 있었다.

⑤ 임대(리스)

임대(리스)는 흔히 볼 수 있는 거래는 아니다. 레포와 유사하나, B사는 배출권 가치에 해당하는 총금액을 지불하는 대신 임대 수수료만 지불한다. 매일 지불할 수도 있고, 계약 시 고정 금액을 미리 지불할 수도 있다.

매도자의 위험 금액이 매수자 위험 금액의 수 배가 되는 만큼, 매도자는 매수자의 신용 위협에 그대로 노출된다. 임차인은 배출권 임대 수수료와 레포 수수료를 이중으로 지불해야 한다.

- A사는 B사에게 100,000톤의 배출권을 이전함
- A사는 양사가 합의한 연이율에 따라 이자를 받음
- 1년 후, B사는 추가 지불 없이 배출권을 상환함
- A사는 배출권을 빌려주고 이자를 받음

A사는 무상할당을 받은 것이므로, 배출권을 얻은 것에 대한 비용은 발생하지 않았다. 이자를 받는 대가로, A사는 높은 수준의 신용 위험에 노출되는 것을 감수해야 한다.

B사가 채무 불이행을 하고 계약 마감일에 배출권을 상환하지 않는다면, A사는 불확실한 미래 시장가격에 배출권을 구매해야 한다. 총 위험은 배출량에 미래의 최대 예상가격을 곱해 산출한다.

미래 시장가격은 상한이 없으므로, 고정금리 이자에 비해 위험 잠재량은 매우 큰 셈이다. 신용부도스와프(CDS)를 이용하는 것 외에, 상대방으로 인한 위험을 헤징하기는 매우 어려우므로, 임대는 매우 위험이 큰 거래가 된다.

⑥ 마켓 오더(Market Order)

마켓 오더에는 다음 두 가지 종류가 있다. 한도 오더는 시장가가 특정 목표치에 도달하자마자, 기설정한 양의 배출권을 매도/매수하도록 은행에 지시하는 주문이다. 물량 오더는 시장가가 특징 기준 이상(또는 이하)을 형성하는 경우 기설정한 양의 배출권을 매도/매수하도록 은행에 지시하는 주문이다.

⑦ 포트폴리오 관리

외주 계약에 의한 거래로, 특정 주/월의 평균 시장가에 고정된 불량을 거래하거나, 특정 한도 오더 또는 물량 오더를 의뢰한다.

⑧ 탄소금융

은행은 온실가스(CO_2) 감축사업에 대한 투자금을 파이낸싱이라고 한다. 파이낸싱의 일환으로, 은행은 온실가스 감축량을 미래 인도 조건으로 고정가격(10유로/톤) 선도거래로 판매함으로써, 미래 수익을 고정시킨다.

은행은 미래에 발행받을 상쇄배출권의 가치를 현가화(NPV, Net Present Value)해서 경제성 분석 및 투자 의사결정을 하게 된다. 단, 투자에 대한 성과 위험(즉, **감축량이 예상대로 실제 나올 것인가**)는 은행의 부담이 된다.

예를 들어, 물론 이와 같은 거래 구조는 다양하게 만들 수 있다. 은행은 초기 800,000톤의 상쇄배출권을 받는 조건으로 전체 투자비(5백만 유로)를 파이낸싱하고, 즉시 800,000톤을 톤당 10유로에 선도 판매함으로써, 762만 유로의 순현재가치와 262만 유로의 순이익을 창출할 수 있다.

고객사는 잔여 200,000톤을 매도하고, 수익금을 이익으로 가져간다. 누가 어떤 위험을 감수하고(**고객사가 성과를 보장할지 여부**), 누가 얼마나 파이낸싱에 기여하느냐에 따라 이익은 다르게 배분된다.

탄소금융은 톤당 내부 한계저감비용(MAC)이 배출권 가격보다 낮은 경우에 의미가 있다. 내부 탄소비용은 총투자비용을 판매 가능한 배출권 양으로 나누는 방식으로 산정된다. 투자비용은 10년에서 20년 동안 지속적으로 회수될 수 있으나, 발생하는 상쇄배출권을 10년 또는 20년 기간에 대해 선도로 판매하는 것은 불가능하다.

따라서 비용은 투자 초기에 합리적인 선에서 선도판매 가능한 양의 NPV와 나머지 양의 추정 순현재가치(NPV)의 함수로 산정되어야 한다. 저탄소기술 및 발전에 대한 투자를 견인하기 위해서는 장기에 걸쳐 거래량이 많은 시장, 즉 유동성이 높은 탄소시장이 형성되어야 한다.

2008년 경제위기 이후, 배출권 과잉 공급으로 인해 유럽 배출권의 가격이 대부분의 사업에서 요구되는 한계감축비용(MAC, Marginal Abatement Cost) 이하로 하락했다. 이로 인해 탄소금융에 관심과 투자가 저조했다. 유럽 시장 안정화조치(MSR)에 대한 개혁이 2019년부터 시행되면서 이러한 현상은 바뀌게 된다. 궁극적으로 모든 탄소시장의 목표는 투자를 촉진하기 위한 것이며, 이는 탄소배출권 시장가격이 내부 한계저감비용보다 높아야 한다는 것을 의미한다.

3. 시사점

장외 거래 계약은 일반적으로 마스터계약서와 함께 특정 조건을 담은 확약서나 부속서로 이루어진다. 양자 간 마스터계약서는 시간과 비용이 수반되나, 일단 약정을 맺어 놓으면 양자 간 활발히 거래할 수 있다.

EU-ETS에서 이루어지는 장외 거래의 상당 부분은 거래소에서 청산되는 거래로 거래소 거래 계약은 표준화되어 있어 쉽게 거래할 수 있으므로, 유동성을 증가시킨다. 그러나 중소기업이 이용하기에는 큰 어려움이 있다.

은행, 대형 무역회사 등은 장외 거래를 수행하기 위한 전담팀과 시스템이 필요하다. 장외 거래는 수량, 가격 및 거래조건에 유연성은 가지지만, 자동화된 거래소 거래보다 백 오피스 기능이 요구된다.

고객사는 은행에 이미 신용한도를 가지고 있으므로, 장외 거래는 은행과 고객사 간에 유용한 거래다. 은행은 거래소에서 장외 거래를 헤징함에 따라 거래소의 유동성을 높일 수 있다.

EU-ETS 시장조성자제도*

1. K-ETS 제2기 시장활성화

본 자료는 2017년 9월 13일 서울에서 개최되는 'K-ETS 제2기 시장활성화를 위한 토론회'의 자료로 사용하기 위해 준비되었다. 유럽 탄소시장의 유동성 확대에 대한 개관과 시장조성제도의 경험을 제공한다. 또한 한국 탄소시장의 유동성 확대 방안과 K-ETS 운영을 위한 시사점을 제시하고 있다.

2. 시장조성자 의무

시장조성자(Market Maker)는 동시다발적으로 아래 계약조건에 맞게 매도/매수 주문을 할 의무를 진다.

> • 최소 주문량보다 많이

* 한-EU 배출권거래제 기술협력 사업, K-ETS 2기 시장 활성화를 위한 토론회, 2017. 9. 13

- 하루 중 특정 시간대 동안
- 특정 매도/매수 호가 스프레드 내에서

시장조성 계약은 어느 정도 유연성을 보장한다. 매도/매수 호가 스프레드 및 물량은 일일 의무사항이 아닌 월 단위 의무사항으로 계약을 맺는다. 시장조성자의 의무이행 성과는 매월 거래소에 주문한 모든 포지션의 평균으로 평가된다.

시장조성자의 목적은 시장에 추가 유동성을 제공하는 것이다. 시장조성 활동에 대한 보상은 거래소 이용료 면제나 할인 그리고 매도/매수 호가 스프레드에서 오는 수익이다. 스프레드가 클수록 시장조성자의 이익은 커진다. 매도/매수 호가 스프레드가 좁고, 양방의 매도/매수 주문 수가 많은 것이 유동적 시장의 대표적인 특징이다.

3. 시장조성 동기와 위험요인

시장조성자가 부담하는 위험과 비용은 매도/매수 호가 스프레드에서 발생하는 수익과 수수료 리베이트를 통해 보상된다. 예상 수입보다 위험이 더 크다면, 시장조성자를 찾기가 매우 어렵거나 불가능하다. 만약, 전체적으로 산 만큼 팔 수 있고, 산 가격과 판 가격의 차이(**매도/매수 호가 스프레드**)에서 이익을 볼 수 있다면, 시장조성자는 수익을 얻게 된다.

배출권이 부족한 시장 상황이라면, 시장조성자가 매도 주문을 내는 대로 매수가 일어나기 쉽고, 가격이 상승하며 시장조성자의 숏포지션은 증가하고 손실도 증가한 게 된다.

숏포지션을 해소하기 위해서 시장조성자는 결국 판 물량을 되사야 하므로, 가격은 더욱 상승하고 손실은 더욱 커지게 된다. 이와 같은 시나리오라면 시장조성자의 손실은 수익을 초과하게 되어 시장조성자는 처음부터 시장조성 활동을 하지 않을 것이다.

합리적 수준의 유동성 시장이 아니라면, 시장조성자는 기회비용을 최소화하는 손실을 회피하는 동시에 잠재 수익을 내는 타이밍을 조절하는 것이 어렵게 된다. 유럽 시스템 리스크 위원회(ESRB)의 최근 보고서에 의하면, "시장조성자는 전반적 시장 유동성의 감소, 경제위기 이후의 규제, 일반 시장 환경의 변화 및 투자자 기반의 동향 등이 시장조성 활동의 위축 요인으로 인식하고 있다"라고 밝히고 있다.

다시 말하면, 유동성이 줄어들수록 위험이 증가하므로 시장조성자의 활동 역시 위축되게 마련이다. 시장조성자는 유동성으로 인한 손실을 만회하기 위해 더욱 적극적으로 활동하기보다 아예 활동을 중지함으로써, 유동성 문제와 금융시장 거래비용을 더욱 악화시킨다.

시장조성제도는 단기간의 보유 위험(Warehousing Risk)으로 발생한 일시적 주문 불균형을 해소함으로써, 어느 정도 유동적 시장을 더욱 유동적으로 만드는 데 도움을 줄 수 있으나, 구조적으로 비유동적 시장을 유동적 시장으로 만들 수는 없다.

이런 맥락에서 시장조성자와 프랍 트레이더(Proprietary Trader) 간의 차이를 이해하는 것이 중요하다. 시장조성자는 비교적 낮은 마진과 높은 회전율을 통해 수익을 내므로 대규모의 위험을 받아들이지 않는다. 시장조성 기능은 기존의 매수/매도 호가 스프레드를 더욱 좁히기 위한 것이지 존재하지 않는 매수/매도 호가 스프레드를 만들어내는 것은 아니다.

반면, 프랍 트레이더는 기대수익에 부합한다면 대규모 위험도 감수할 수 있다. 이들은 기대수익이 기대손실의 3배~4배가 된다면 기꺼이 3:1 또는 4:1의 확률에도 배팅을 마다하지 않는다.

4. 시장조성자 헤징

무상으로 배출권을 받을 수 있는 입장에 있지 않은 한, 시장조성자나 프랍 트레이더들이 지속적으로 매도 주문을 냄으로써 스스로 숏포지션을 선호하지 않게 된다.

유럽 ICE 거래소는 지난 6~7년 동안 매우 유동적이었기 때문에 시장조성자가 필요하지 않았다. 그러나 EEX 거래소는 아직 시장조성자를 유지하고 있으며, 이들은 ICE 거래소를 통해 스스로 헤징이 가능하다.

예를 들어 일부 EEX 시장조성자들은 배출권을 지속적으로 공급할 수 있는 고객사를 보유한 장외 배출권 매수자들로, 낮은 비용에 매도/매수하는 능력으로 수익을 내고, 자사의 거래 니즈를 시장조성 비즈니스와 연계할 수 있다.

시장조성자에게 제공되는 리베이트 인센티브가 시장조성 활동의 잠재 손실보다 크다면, 시장조성자는 비유동적 시장에서 조성 활동을 하는 것에 동의할 수도 있다. 동일 거래소에서 대규모로 전력을 거래하는 트레이더가 시장조성 대가로 전력 거래수수료를 할인받을 수 있다면 이는 탄소시장의 손실보다 더 비용을 절감할 수 있는 사례가 될 것이다.

마지막으로, 시장조성자가 감축 능력이 있어서 상쇄배출권을 발급받아서 스스로 숏 포지션을 헤징할 수 있다면, 배출권이 부족한 시장에서도 시장조성 활동을 할 수 있다. 유럽의 전력회사들은 대부분 단기 석탄 가스 연료전환이 가능해 EU-ETS 2기(2008년~2012년)에 필요하면 언제든 무상할당 받은 배출권을 판매할 수 있었다. 잉여 가스 발전 용량을 항상 가지고 있는 것은 유럽 전력회사들의 특징이다.

5. EU-ETS 초기 유동성 공급 경험

시장조성 활동은 유동성 공급이라는 목적을 위한 수단일 뿐, 그 자체가 목적일 수 없다. 따라서 EU-ETS의 발전 역사를 살펴보고 시사점을 도출함으로써, 유동성을 창출하기 위한 다양한 방안을 고려하는 것이 좋을 것이다.

유럽 탄소배출권 거래는 2005년 공식적으로 ETS가 출범하기 2년 전인 2003년부터 시작되었다. 당시에는 관련 인프라가 정비되어 있지 않았으며, 거래소도 없었고, 배출권 관련 자료도 없었다. 미국 대형 중개회사의 한 팀이 미국 아황산가스(SO_2) 배출권 거래에 경험하고 있었으며, 이들은 곧 출범할 유럽 탄소시장 체제하에서 최초의 탄소 거래를 성립시키고자 주도적으로 활동했다.

탄소배출권 시장 참여업체가 미래에 할당받을 탄소배출권의 일부를 파는 대신 에너지효율 개선을 위한 사업(CO₂ 감축사업) 투자비를 선불로 받겠다고 나섰다. 이것이 최초의 EUA 매도 호가(톤당 10유로)였다.

이후 계약금의 50%를 선불하고, 매도자의 신용 위험을 감수하고 배출권을 매수하겠다는 업체가 나타났다. 매수 호가는 톤당 5유로였고 매도자는 이 거래를 체결했다. 동 계약은 미국의 SO2 배출권거래에 사용되었던 문서에 대부분 기반해 이루어졌는데, 이것이 최초의 배출권 장외 거래 계약이다. 매수자는 매도자에게 2003년 5월에 대금을 지급했고, 2005년 12월 1일에 EUA를 인수하기로 했다.

동 탄소 계약을 기반으로 다른 잠재 참여회사(대부분 전력회사)와의 미팅 이후 매매 제안이 들어왔다. 매수호가와 매도호가의 차이가 점점 좁아지면서 두 번째 거래는 톤당 6.5유로에 성사되었다. 몇 주일 후, 세 번째 계약이 체결되었고, 그 후 계약은 연이어 체결되었다.

거래는 모두 전화 중개를 통해 양자 간 장외 협상으로 이루어졌다. 매수자와 매도자는 동시에 서로 다른 녹음 전화선을 통해 가격과 물량을 합의하고, 이것으로 계약이 이루어졌다.

팩스를 통해 송달된 거래 확정서는 모든 거래 조건을 요약해 담고 있으며, 이는 매일 영업 종료 전 고객사에 팩스로 송달되었다. 시장은 중개회사인 'Evolution Markets'에 의해 발전했으며, 당시 다른 중개인이나 거래소가 없었으므로, 이들은 탄소가격 정보제공에 있어 중요한 역할을 수행했다.

런던에 있었던 Evolution 탄소팀은 고객사와의 지속적인 연락과 회의를 통해 그들의 관심 여부를 확인하고, 최신의 거래 동향과 시장 정보를 제공했다. 매주(나중에는 매일 간격)로 종가 가격 정보가 업데이트되었다. Evolution은 거래 건수당 부가하는 상당 수준의 커미션을 받았다.

중개인에게는 매년 말에 받는 보너스라는 동기부여가 있었고, 트레이더에게는 물량과 유동성, 변동성 증가라는 인센티브가 있었다. 2004년에 6명~8명의 트레이더들이 이미 전체 거래량의 50%를 점유하고 있었으며, 이들은 포지션을 넘나들며 적극적으로 거래를 수행했다. 여전히 매수/매도 호가 스프레드는 상당히 넓었다.

초기 트레이더들은 대부분 Shell, Nuon, BHP Billiton, EDF Energy, RWE, EON과 같은 EU ETS 할당업체 출신이었다. 이후 Barclays, Merrill Lynch, Fortis, Dresdner Bank, Cargill 등 은행과 대형 무역회사 등 타 업종의 트레이더들이 참여하기 시작했다.

[자료 10-3] EU-ETS EUA Market

Spec	Term	Volume	Bid	Ask	Volume
EUA	2005	5,000	€ 9.75	€ 10.20	5,000
EUA	2006	5,000	€ 9.50	€ 10.60	5,000
EUA	2007	5,000	€ 9.25	€ 11.20	5,000

출처 : ICE

이들 대부분은 경험이 있는 전력 트레이더들로서, 손실을 입어도 타격을 입지 않을 정도의 소규모 거래(1,000톤~5,000톤)를 시작했다. 거래가 점차 활발해지고 유동성이 높아지면서 거래 규모는 5,000톤~10,000톤으로 커졌다. 2006년~2007년부터는 50.000톤 이상 대규모의 정기적 거래가 나타나기 시작했다.

2005년, 최초의 전자 거래 플랫폼인 'Trayport'가 출현했다. Trayport는 레이더들이 중앙화된 엑셀 스프레드시트를 이용해 매수호가와 매도호가를 입력할 수 있도록 했으며, 매수 및 매도 체결 기능도 갖추고 있었다. 이는 거래소가 아니었으므로, 트레이더들은 마스터 계약을 체결한 기업들만을 대상으로 거래할 수 있었다.

2005년~2006년에는 유럽기후거래소(ECX, 후에 ICE가 인수)가 본격적으로 활동을 개시했으나, 거래량의 꾸준한 증가세에 힘입어 2008년에 이르러서야 주목할 만한 역할을 담당했다. 2012년까지 장외 거래와 Trayport가 여전히 50%가 넘는 시장점유율을 차지했다.

시장조성자가 공식적으로 나타나기 시작한 시점은 시장이 이미 탄력을 받아 매우 활발하게 거래가 이루어지게 된 이후다(매매 전략의 일환으로 시장조성자와 유사한 활동을 했던 트레이더는 이미 오래 전에 존재했음). 2005년~2006년 ECX(ICE)는 보다 경쟁적인 매수/매도 호가 스프레드를 제시함으로써 시장점유율을 높이고자 했다. 그러나 시장조성자는 EU-ETS에서 유동성을 확대하는 역할을 하지는 못했다.

EU-ETS에서 유동적 탄소시장은 다음의 두 가지 주요 요인이 서로 맞물리면서 형성되었다.

(1) 중개인과 트레이더 역할

유동성은 거래를 통해 이윤을 창출하고자 하는 은행과 전력회사 소속의 중개인과 트레이더들의 동기부여에 기인한다. 거래 건별로 발생하는 수수료를 목적으로 활동하는 중개인은 지속적으로 고객사와 소통하며, 트레이더들은 익사이팅한 성장 시장에서 활발히 참여하는 것 자체로 동기부여가 되었다.

2004년과 2005년 EU-ETS는 시범 단계에 머물렀지만, 2008년에 '진짜' 시장이 열린다는 전망은 많은 업체가 학습하고 시장에 참여하도록 했다. 2017년 현재, 거래소가 시장의 85%를 점유하며, 매우 높은 유동성을 보이고 있다.

(2) 수요 역할

유럽 전력회사의 헤징 모델 및 100% 유상할당이 유동성 확대의 주요 요인이다. EU-ETS 초기부터 전력회사들은 향후 3년에 해당하는 탄소 노출에 대해 헤징해왔다. 이는 2004년 말부터 엄청난 수요를 창출했고, 유통물량은 전력회사들의 구매수요와 일치했다.

전력회사는 항상 배출권이 부족한 상태이고, 가장 큰 오염자(EU-ETS 내 배출량의 65% 차지)라는 사실은 항상 배출권의 가장 큰 수요처가 존재한다는 것을 의미했다. 전력회사는 또한 단기와 장기 시장에서 지속적으로(전기, 석탄, 가스 및 환율 변화 등 대응) 발전 포트폴리오를 최적화함으로써 유동성 증가에 도움을 주었다.

마지막으로 시장은 투자자 및 시장조성자가 주도했으며 관련 규제를 지나치게 강화하지 않음으로써 이들이 시장에 진입할 수 있도록 허용하는 것이 바람직했다. 또한 관대한 규제 환경이 유동성을 증가시켰다. 물론 시세 조작 등의 규제는 엄격히 집행되었다.

6. 시사점

EU-ETS 발전은 민간 업계에 의해 견인되었으며, 이들은 시장조성자가 아닌 주로 자신들의 이익에 기반해 활동했던 중개인과 트레이더였다. 중개인과 트레이더들은 전략회사를 대상으로 시장참여를 적극적으로 독려했고 위험관리, 정치적 규제, 거래 준비 및 절차 등 시장대응과 관련한 다양한 교육과 서비스를 제공했다. 이러한 모든 교육과 역량 강화는 역동적인 탄소 시장을 발전시키는 데 중요한 역할을 했다.

프랍 트레이더들은 시장에 유동성을 공급하므로, 프랍 트레이딩은 매우 중요한 역할을 한다. 반대로 할당업체는 필요할 때 한 번만 거래하므로, 유동성이 적은 시장에서는 이행기간 종료 시점이 다가오며 가격이 급등하는 경향을 보인다. 또한 할당업체들은 환경관리 담당자나 재무담당자 등 거래 경험이 없는 직원들에게 의무이행 업무를 맡기는 경향이 있다.

적극적 시장대응을 위해서는 매매 스킬이 필요하다. 시장을 분석하고, 포지션을 관리하며, 거래를 신속히 성사시킬 수 있는 매매 시스템이 필요하다. 수익 극대화를 위해서는 시장전망, 공신력 있는 매체(블룸버그, 로이터, ICIS) 정보, 컨퍼런스 참여 등의 활동도 필요하다. 단순한 의무 이행은 충분한 수익을 창출하지 못한다.

따라서 전문적인 트레이더와 프랍 트레이딩을 시장에 허용한다면 유용할 것이다. 비유동적인 초기 시장은 위험한 프랍 트레이더들은 위험을 분석하고 감수하도록 교육받은 사람들이다. 시장이 성숙해지면 위험은 감소하고, 시간이 지날수록 위험회피적인 업체들도 참여하게 될 것이다. 일차 우선순위는 먼저 초기 모멘텀을 만드는 것이다.

EU-ETS 유상 경매제도*

1. 목적

본 자료는 2017년 9월 13일 서울에서 개최되는 'K-ETS 2기 시장활성화를 위한 전문가 토론회'의 자료로 사용하기 위해 준비되었다. 경매가 시장에 미치는 영향 등 EU- ETS가 지금까지 경매를 통해 얻은 경험을 개괄하고 이러한 EU의 경매 경험이 K-ETS의 경매제도 설계, 이행 및 시장활성화에 주는 시사점을 정리했다.

2. EU-ETS 경매 경험

(1) 배경

EU-ETS 2기(2008년~2012년)에 제한적으로 경매가 시작되었다. EU 회원국은 자국 총할당량의 10%까지 경매를 통해 할당할 수 있도록 허용이 되었지만, 경매제도의 미비로 인해 몇 개 국가만 경매를 실시한 결과, 2기에 경매된 물량은

* 한–EU 배출권거래제 기술협력 사업, K–ETS 2기 시장 활성화를 위한 토론회, 2017. 9. 13

EUA 할당 총량의 4%에 그쳤다.

3기(2013년~2020년)부터 경매가 배출권 할당의 기본 방식이 되었다. 이는 경매가 가장 투명한 방식이고 오염자 부담원칙을 실행에 옮긴 때문이다. EU가 무상할당에서 경매로 옮겨 가면서 3기 동안 경매 비율이 점점 늘어날 예정이다. 유럽집행위는 3기 총할당량의 57%가 경매될 것으로 추정된다.

경매활동은 EU-ETS 경매규정의 규제를 받았다. 본 규정은 모든 경매의 공개성, 투명성, 통일성, 비차별성을 보장하는 데 초점을 맞추고 있다.

경매를 통해 물량을 확보한 낙찰자는 자유롭게 그 물량을 준수 목적으로 보유해도 되고, 마치 시장에서 현물이나 선물로 매수한 배출권을 시장에 되파는 것처럼 단순하게 2차 시장에서 되팔아도 된다.

(2) EU-ETS 경매 실제 운용

경매는 'European Energy Exchange(EEX)'와 'Intercontinental Exchange(ICE)'의 두 거래소에 의해 운영되었다. 대부분 국가의 통합 경매가 매주 월, 화, 목요일에 열리고 영국과 폴란드 경매가 수요일에 번갈아 열리며(금주 수요일에 영국 경매가 열리면 다음 주 수요일에는 폴란드 경매가 열리는 방식) 독일 경매는 매주 금요일에 열렸다. 일주일에 5회 경매가 열리고, 매주 경매물량은 보통 2,100만 톤~2,200만 톤(경매 1회 물량은 400만 톤~450만 톤)을 공급했다.

2017년 EUA 총 경매물량은 9억 4,800만 톤에 달했다. 수요 공급을 맞추기 위해 휴가 시즌인 8월에는 보통 물량의 반만 경매되고, 12월 중순부터 신년까지는 아예 경매가 없었다. 주요 국경일에도 경매시장은 개장하지 않았다.

경매 입찰은 그리니치 표준시(GMT)로 오전 8시부터 10시까지 두 시간 개장했다. 청산가(낙찰가)는 입찰 창이 닫히면서 결정되고, 입찰 창이 열려 있는 동안 입찰자는 응찰, 수정 및 철회가 몇 번이고 허용되었다.

경매는 싱글 라운드, 단일 낙찰가, 비밀 입찰일(나의 입찰 정보가 타 입찰자에게 비공개) 입찰이 마감되면 높은 입찰가부터 내림차순으로 정렬되고, 위에서부터 입찰물량을 더해 내려오다가 입찰물량의 합이 경매물량과 같아지거나 초과하는 지점의 입찰가가 경매 낙찰가로 결정된다.

이 가격보다 높은 가격을 써낸 모든 입찰은 낙찰되고, 각 낙찰자는 자기가 써낸 양에 대해 이 낙찰가로(자기가 써낸 입찰가는 더 높더라도) 정부와 매매계약을 체결하게 된다.

낙찰가에 여러 입찰자가 몰려 있어 남은 물량이 그 입찰자들의 입찰물량을 전부 충족시키지 못할 경우 누가 낙찰받고 누가 못 받는지, 또는 누가 부분 낙찰받는지는 알고리즘에 의해 무작위로 결정된다. 2차 시장은 경매 직후 바로 낙찰가에 반응하겠지만, 대부분의 낙찰가가 입찰 창이 닫히는 시절의 시장가에서 몇 퍼센트 범위에서 결정되기 때문에 2차 시장가에 미치는 영향은 극히 제한적이었다.

EEX와 ICE 모두 경매하한가제도를 운용하지만, 하한가가 얼마인지는 시장에 알려주지 않았다. 하한가 산정 방법도 비밀에 부치는 것이 필수인데, 그렇지 않으면 투기꾼들의 목표가 된다(투기꾼들이 하한가를 알아내서 항상 하한가보다 조금 높게 응찰함).

낙찰가가 하한가 아래에서 결정되거나 총 입찰물량이 경매물량보다 적으면 그 경매는 취소되고 모두 유찰 처리된다. 유찰된 물량은 다음 몇 회의 경매에 나눠 재배정된다. 하한가 산정 방법이 알려지지 않았지만, 입찰 창 개장 동안, 또는 입찰 창 폐장 시점의 2차 시장가의 함수일 가능성이 높다.

경매 참가자는 다음과 같다.

> • 모든 ETS 참여 사업장 및 그 모회사, 자회사 또는 관계사
> • 사업장/운영자를 대리하는 비영리단체
> • 각국 금융규제 하의 투자회사 및 신용기관

경매 참가는 익명이기 때문에 정확하게 얼마나 많은 할당업체가 경매에 참가한다고 말하기 어렵지만, 입증되지 않은 증거에 의하면, 유럽 메이저 전력회사 외에 직간접적으로 경매에 참가하는 EU-ETS 사업장은 극히 적었다. EEX 발표 자료에 의하면, 2017년 경매 평균 입찰자 수는 21명, 낙찰자 수는 평균 14명이며, 전력회사, 투자회사, 금융기관 순으로 비중을 차지했다.

(3) EU-ETS 경매 : 시장 충격
① 초창기 문제
EU-ETS 경매 운영은 비교적 간단했지만, 초창기에 흔히 겪는 몇 가지 문제는 있었다. 초기 경매에서 때때로 생각지 못하게 경매 낙찰가가 높거나 낮아서

심각한 시장 변동성을 초래한 경우가 있었다.

EU-ETS에서 처음 취소된 경매는 트레이더들이 취소된 경매의 처리 절차를 몰랐기 때문에 패닉 상태를 가져와 가격이 갑자기 떨어졌다가 정보가 알려지면서 바로 회복되었다. 경매가 일상이 되면서 시장 변동성은 축소되었다.

② 유동성

경매는 가격발견 기능을 담당했고 배출권의 정기적 공급이 2차 유통시장의 활성화를 도우면서 유동성을 높였다. 이는 트레이더들이 경매에서 낮은 가격에 낙찰받아 2차 시장에서 바로 현물로 매도하거나, 또는 자금 싸게 조달할 수 있는 자들이 'Cash and Carry' 거래를 시도하므로 발생했다. 따라서 경매는 단순 현물시장과는 비교도 안 되게 거래 체결 유동성을 유발시켰다.

과소할당을 받았거나 전혀 무상할당을 받지 못한 기업들로부터 충분한 수요가 있기 때문에 배출권의 정기적 판매가 성공할 수 있었다. EU-ETS에서 주요 수요처는 무상할당을 전혀 받지 못하는 서유럽 전력회사들이었다(**동유럽 전력회사는 예외규정으로 일부 무상**).

전력회사들은 최대 3년 전에 미리 판매하는 전력을 헤징하기 위해 필요한 배출권 매수에 경매를 이용했다. 그런 다음 현재의 비용과 미래 수입을 맞추기 위해 바로 2차 시장에서 스프레드거래를 했다.

이러한 행동은 아마도 EU-ETS의 유동성을 풍부하게 하는 가장 중요한 요인이었다. 이와 같은 헤징 방식은 은행이나 신용기관에도 기회를 제공하는데, 그들은 위에서 언급한 바와 같이 좀 더 높은 가격에 선물로 되팔 목적으로 직접 경매에서 현물 EUA를 사기도 하지만, 전력회사 스프레드거래의 상대방이 되어 전력회사들이 낙찰받은 EUA를 현물 매수와 동시에 그들에게 선물 매도하기도 했다.

현재, 경매에서 400만 톤~450만 톤이 시장에 공급되지만, ICE에서 현물, 선물을 합해 하루에 거래되는 양은 2,000만 톤이 넘었다. ICE가 최대 거래소라지만 거래는 장외나 다른 거래소를 통해서도 일어났다.

③ 게임행동 vs 시장조작

경매가 폐장되는 오전 10시(GMT) 바로 전에 가격의 약세를 목격하는 것은 흔한 일이다. 이는 트레이더들의 공매도가 원인이었다. 이러한 매매행태는 공매 물량을 더 낮은 가격으로 매수할 수 있을 정도의 많은 물량이 경매를 통해 풀린다는 것을 알고 선제적으로 대응한 결과였다.

그러나 경매 후의 가격이 항상 하락만 하는 것은 아니기 때문에 이는 절대 안전한 전략은 아니었다.

또 다른 게임 행동은 낙찰될 기회가 거의 또는 전혀 없는 낮은 가격으로 무차별 입찰을 해서 경매 응찰률(총 입찰물량을 경매물량으로 나눈 값) 수치를 조작하려고 했다. 이는 매도포지션에 있는 투자들이 2차 유통시장의 가격을 올릴 심산으로 수요가 많은 것처럼 보이게 하려는 행동이었다.

④ 민감한 정보

경매 관련 정보는 매우 민감도가 높았다. 경매 캘린더 변경과 같은 정보의 발표는 반드시 폐장 후에 해야 하고, 또한 웹사이트나 보도자료를 통해 다수의 대중에게 알려야 했다. 이는 가능한 한 많은 사람에게 알려서 시장이 공정하게, 더 바란다면 질서 있는 방식으로 반응할 수 있게 하기 위함이었다.

가장 민감한 경매 정보는 아마 낙찰가가 될 것인데, 이는 낙찰가가 시장에서 사람들이 인식하는 수요 수준의 척도가 되고, 경매 시의 시장가격보다 아주 높거나 낮은 깜짝 가격은 시장 전체에 영향을 미치기 때문이었다.

EEX와 ICE 경매에서 경매 참가자들이 비 참가자들보다 낙찰가를 확실히 먼저 알 수 있기 때문에 낙찰가의 발표가 공정하지 않게 이루어지고 있었다. 모든 사람이 동등하게 접할 수 있도록 하는 경매정보의 중앙집중식 관리가 이에 대한 하나의 해결책이 될 수 있다.

(4) 시사점
EU-ETS 경매 경험은 경매제도의 설계 및 이행뿐만 아니라 시장활성화 측면에서도 K-ETS에 다음과 같은 시사점을 준다. 아래 시사점의 순서는 특별히 중요도의 순서는 아니다.

① 어느 정도 초기 변동성은 있기 마련이다.
신규 제도나 절차는 항상 안정되는 데 시간이 걸리며, 낙찰가의 초기 변동성은 예상해야 한다. 이러한 변동성을 최소화하는 길은 경매제도의 엄격성과 신뢰성이다. 실수는 매우 비싼 대가를 치르며, 취소된 경매는 매우 파괴적인 결과를 초래한다.

② 경매만으로는 상당한 유동성을 창출하고 시장 활성화를 촉진하지 못한다.

유동성을 창출하기 위해서는 배출권에 대한 지속적인 수요가 있어야 한다. 이는 할당량의 부족, 무상할당의 제한, 전력회사의 헤징 수요에 기인한다.

③ 경매의 성공을 위해서는 가능한 한 많은 업체를 경매에 참가시켜야 한다.

참가를 제한하면, 경매물량이 전량 체결되지 않거나 낙찰가가 시장가와 너무 차이가 나게 형성될 위험이 있다. 시장가보다 너무 낮은 낙찰가로 인한 변동성은 시장참여를 더욱 망설이게 하고 따라서 유동성에 손해를 입힐 것이다. 모든 할당업체가 비교적 저비용으로 동등하게 경매에 참가할 수 있는 기회를 주어야 한다.

④ 적절한 경매주기를 책정해야 한다.

정기적 경매는 유동성을 높인다. 잦은 주기의 경매 스케줄은 2차 시장을 활성화시킨다. 월 1회만 경매를 하면, K-ETS 같이 작은 시장은 월 1회만 경매해도 충분하다. 잦은 경매를 해서 자주 시세를 확인하는 것이 가장 바람직하지만, K-ETS는 총 경매물량이 적어 매일 경매는 불가능할 것이다. 소량 경매의 또 다른 장점은 경매가 시장에 미치는 영향을 최소화할 수 있다는 것이다.

⑤ 계절에 따른 경매물량 조정은 불필요하다.

EU-ETS에서 최근 몇 년간 8월과 12월에도 가격이 가파르게 상승했다. 이는 일 년 내내 강력한 수요가 존재한다는 것을 입증한다. 많은 업체가 매수를 원하는 상황에서 집단행동을 추정한다는 것은 불가능하므로 경매물량을 소화하는 것은 시장에 맡기는 것이 바람직하다.

⑥ 단일가 단일 라운드 경매는 단순하고, 시장에 분명한 가격신호를 줄 수 있다.

⑦ 최대 입찰물량을 제한해야 한다면, 그 기준은 가능한 한 높아야 한다.

입찰받을 수 있는 물량을 제한한다는 것은 가격 경쟁을 제한하고, 자칫하면 경매가 배출권을 단순히 분배해주는 도구로 전락할 위험이 있다. 소량 경매공급은 시장의 반응 기간을 짧게 가져갈 수 있고 한 입찰자가 경매물량 전량을 낙찰받더라도 2차 시장 유동성에 주는 영향을 최소화할 수 있다.

⑧ 경매하한가제도는 2차 시장에서의 가격 변동성 유발의 위험이 있는 아주 낮은 낙찰가의 출현을 막을 수 있다.

이러한 위협은 유동성이 낮은 시기나 경매 참가자 수가 비교적 적을 때일수록 높아진다. 그러나 경매 하한가는 경매참여자가 특정가격을 목표로 하는 것을 막기 위해 미리 공시되어서는 안 된다. 경매 하한가의 산정은 어떻게든 2차 시장가와 연동되겠지만, 유동성이 낮을 경우 정확한 시장가를 구하는 것 자체가 문제이기 때문에 구체적인 대안을 검토할 필요가 있다.

⑨ 경매는 광범위한 기간에 걸쳐 시장조건을 충분히 반영한 가격으로 낙찰되어야 한다.

이렇게 되기 위해서는 경매마다 서로 경쟁하는 충분한 매수세가 있어야 한다. 경매 하한가가 지켜지지 않아 경매가 취소된 경우, 경매참여자들이 후속 조치에 대해서 알아야 하는 것이 중요하다. EU ETS에서는 취소된 물량은 다음 몇 번의 경매에 균등 분할되어 재경매된다.

⑩ 경매활동의 투명성 보장이 필수다.

경매 캘린더의 조기 공시가 바람직하고, 매 경매의 낙찰가 발표는 공개적이며 즉각적이어야 하고 일부 참가자에게만 특혜를 주어서는 안 되며, 익명으로 된 경매 참가자 내용 공개는 시장이 수요공급 균형을 이해하는 데 도움이 된다.

⑪ 모든 것을 최대한 단순화할 필요가 있다.

경매제도 설계, 자료 공개, 경매 참여 절차 등은 단순화해야 한다.

⑫ 지속적인 제도 개선이 필요하다.

피드백과 아이디어를 얻기 위해 주요 이해 관계자들과의 긴밀한 협조가 필요하다.

[참고 문헌]

《탄소시장 인베스트》, 김태선, 두드림미디어, 2023. 6

《자발적 탄소크레딧 시장 101》, 김태선 외 7인, 두드림미디어, 2024. 3

《자발적 탄소시장 다이제스트》, 김태선, 두드림미디어, 2024. 5

〈2023 한중일 탄소가격 포럼〉, 김태선, 환경부, 2023. 11

〈CCM 시장 이해와 VCM 시장구조 분석 II〉, 김태선, 중소벤처기업부, 2023. 9

〈규제적 탄소시장과 자발적 탄소시장 연계방안〉, 김태선, 서울파이낸스, 2023. 10

〈국내 탄소배출권 시장 현황 및 자발적 탄소시장 개설방향〉, 김태선, VCM연합회, 2024. 3

〈자발적 탄소시장 구조 및 탄소크레딧 레이팅 필요성〉, 김태선, 서울파이낸스, 2024. 4

〈국내 탄소시장 현황 및 자발적 탄소시장 활성화 방안〉, 김태선, 디지털조선TV, 2024. 5

〈국내외 배출권시장 현황 및 가격 동향〉, 김태선, 배출권시장협의회, 2024. 5

〈규제적 탄소시장과 자발적 탄소시장 비교 분석〉, 중소벤처기업부 자문단, 2024. 10

〈대한민국 탄소중립 2024 포럼〉, 김태선, 탄녹위 · 대한상공회의소, 2024. 11

〈K-ETS KAU Market Monthly Report〉, 김태선, NAMU EnR, 2024. 12

〈손에 잡히는 파생상품시장〉, 한국거래소, 파생상품시장본부, 2017. 11

Carbon Markets, Arnaud Broth 외 2인, earthscan, 2009

State and Trends of Carbon Pricing 2023, World Bank Group, 2023. 5

Commoditizing Carbon Offsets : Infrastructure and Players, BNEF, 2023. 5

Carbon Market Year in Review 2022, Refinitive, 2023. 2

Marginal Abatement Cost Curve : A call for caution, Paul Ekins 외 2인, UCL Energy Institute, 2011. 4

[참고 유튜브]

https://www.youtube.com/results?search_query=namu+enr

https://www.youtube.com/watch?si=wiFVn740ELdDD-kw&v=L5AWrEX2tkw&feature=youtu.be

https://www.youtube.com/watch?v=FK7MpumUATg&t=1505s

https://youtu.be/zllfgYfRdnM?si=k-TGv8VTp7S3r-Bq

https://youtu.be/_IPeeDGR9KI?si=890d0PF4T0APeVFA

https://youtu.be/FK7MpumUATg?si=XhTBqT81iAvMbTpo

https://www.youtube.com/watch?v=fJrFSLfaeeE

https://www.youtube.com/watch?v=FQSaoPPe2F0

https://www.youtube.com/watch?v=T30hl_75GtA

[참고 사이트]

http://data.krx.co.kr/contents/MDC/MDI/mdiLoader/index.cmd?menuId=MDC0201030205
http://data.krx.co.kr/contents/MDC/MDI/mdiLoader/index.cmd?menuId=MDC0201030101
https://www.barchart.com/futures/quotes/CXZ25/futures-prices
https://www.barchart.com/futures/european/carbon
http://k.tanjiaoyi.com/
https://ww2.arb.ca.gov/our-work/programs/cap-and-trade-program/auction-information
https://www.rggi.org/auctions/auction-results
https://www.eex.com/en
https://www.carbonnews.co.nz/page.asp?id=1228816256558RJT
https://www.ice.com/index
https://tradingeconomics.com
https://www.hankyung.com/thepen/moneyist/author/taesunkim66
https://www.netzeronews.kr/news/articleView.html?idxno=1763
https://namuenr.com
https://www.eia.gov
https://commission.europa.eu/index_en

부록

1. 대한민국 탄소포럼 2024 발표 자료
2. ISDA 장외 파생상품 거래약정서 권고(안)

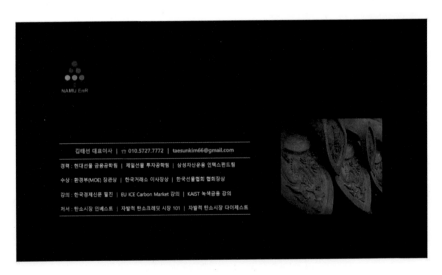

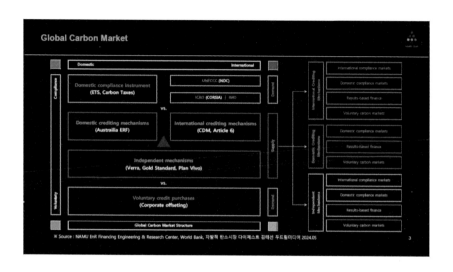

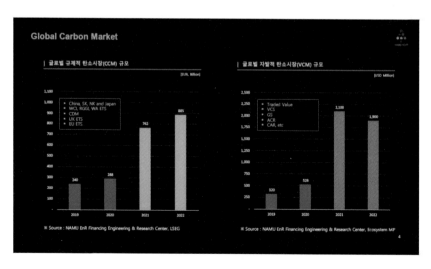

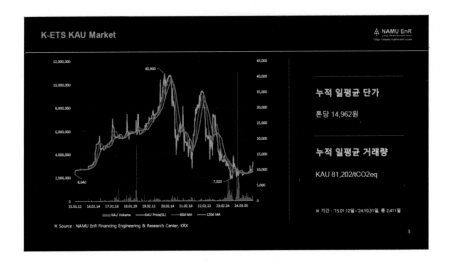

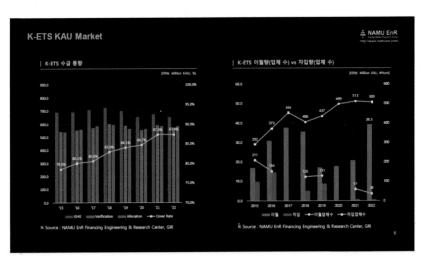

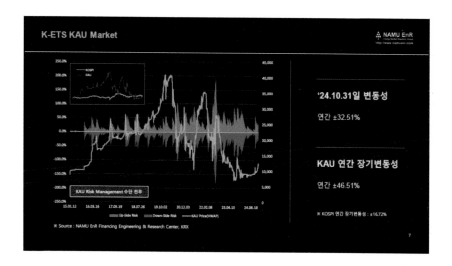

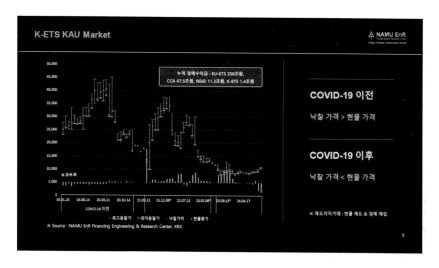

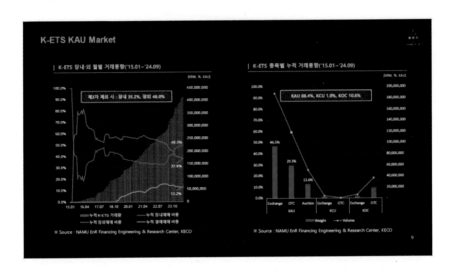

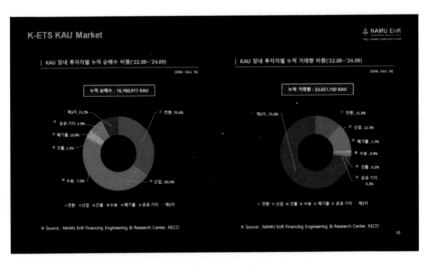

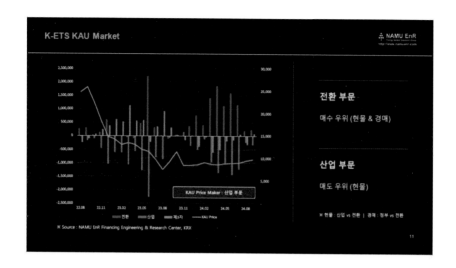

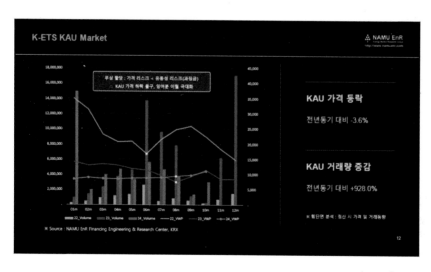

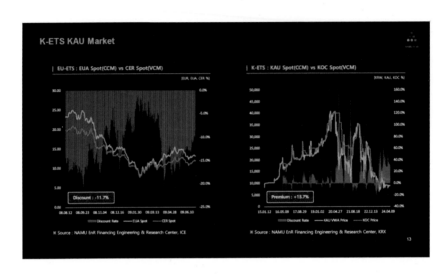

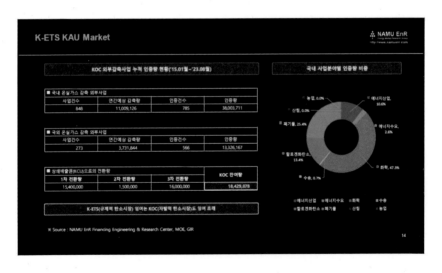

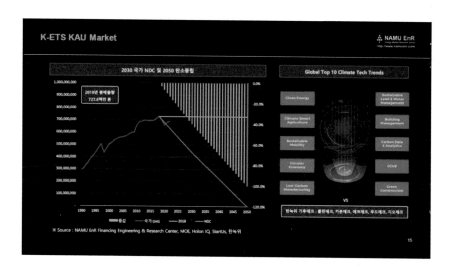

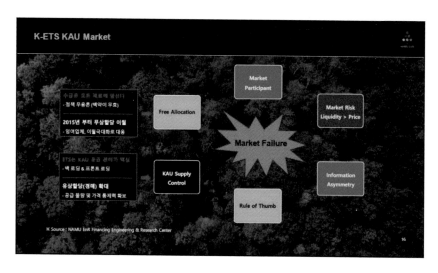

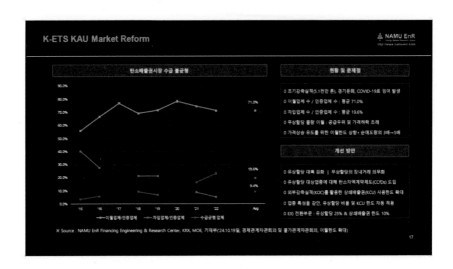

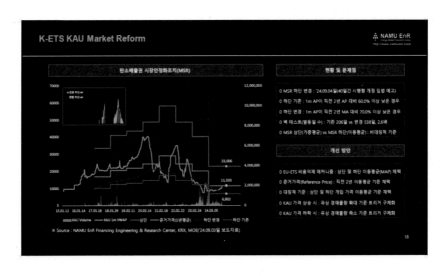

K-ETS KAU Market Reform

NAMU EnR

- REPower EU
  - Accelerate Clean Energy Transition | Diversify Energy Sources | Save Energy
- Budget
  - € 20.0 Billion
- EU-ETS Front Loading
  - 2027~2030 EUA Auction → 2023~2026 EUA Auction | 266.4 Million EUA

Type	EUA Volume	Weight(%)	EUA Amount	EUA Price	Auctioning Period
Front Loading	106,567,203	40.0%	€ 8,000,000,000	€ 75.07	2023.07~2026.08
Innovation Fund	132,850,806	50.0%	€ 9,973,110,000	€ 75.07	2023.07~2026.08
MSR	27,000,000	10.0%	€ 2,026,890,000	€ 75.07	2020.01~2030.12
Total	266,418,009	100.0%	€ 20,000,000,000	€ 75.07	2020.01~2030.12

※ Source : NAMU EnR Financing Engineering & Research Center, EU Committee

19

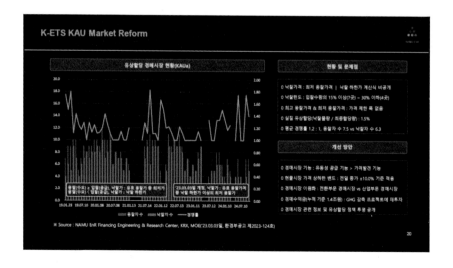

K-ETS KAU Market Reform

유상할당 경매시장 현황(KAUa)

현황 및 문제점

o 낙찰가격 : 최저 응찰가격 | 낙찰 하한가 계산식 비공개
o 낙찰한도 : 입찰수량의 15% 이상(7곳) ~ 30% 이하(4곳)
o 최고 응찰가격 & 최저 응찰가격 : 가격 제한 폭 없음
o 실질 유상할당(낙찰물량 / 최종할당량) : 1.5%
o 평균 경쟁률 1.2 : 1, 응찰자 수 7.5 vs 낙찰자 수 6.3

개선 방안

o 경매시장 기능 : 유동성 공급 기능 > 가격발견 기능
o 현물시장 가격 상하한 밴드 : 전일 증가 ±10.0% 기준 적용
o 경매시장 이원화 : 전환부문 경매시장 vs 산업부문 경매시장
o 경매수익금(누적 기준 1.4조원) : GHG 감축 프로젝트에 재투자
o 경매시장 관련 정보 및 유상할당 정책 투명 공개

※ Source : NAMU EnR Financing Engineering & Research Center, KRX, MOE('23.03.03일, 환경부공고 제2023-124호)

20

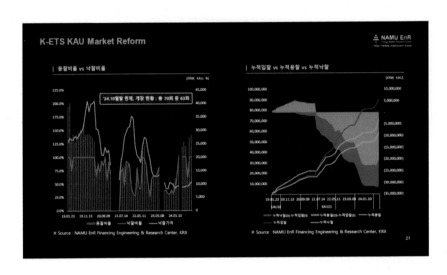

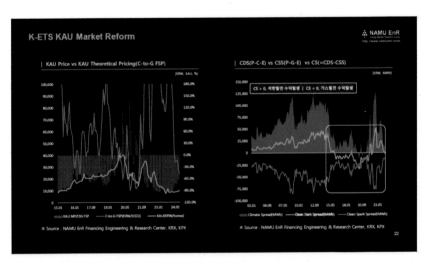

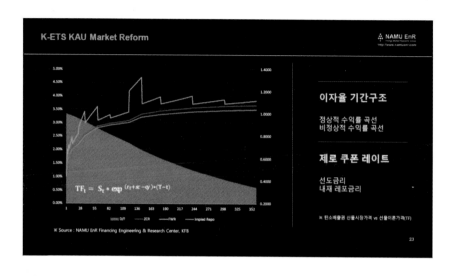

이자율 기간구조

정상적 수익률 곡선
비정상적 수익률 곡선

제로 쿠폰 레이트

선도금리
내재 레포금리

※ 탄소배출권 선물시장가격 vs 선물이론가격(TF)

$$TF_t = S_t * exp^{(r_t + \alpha - \alpha y)*(T-t)}$$

※ Source : NAMU EnR Financing Engineering & Research Center, KFB

23

NAMU EnR | K-ETS 탄소배출권(KAU) 장외 파생상품 이론가격 및 탄소차액계약제도(CCfDs)

... 2024-08-10

■ K-ETS 탄소배출권(KAU) 장외 파생상품 프라이싱 - 편익수익 반영

KAU 현물가격	8,980	시장 위험	4.3356%	무위험율	3.5000%
http://www.namuenr.com					[Unit : KRW, KAU, %]

만기 구조	무위험율	선도 가격	스왑 가격	콜옵션 가격	풋옵션 가격
3m	3.5000%	9,402	9,258	554	476
6m	3.4900%	9,844	9,471	803	648
9m	3.4125%	10,300	9,686	1,002	769
1y	3.3350%	10,774	9,902	1,173	865
5y	3.0925%	22,055	13,741	2,882	1,441
10y	3.1175%	54,301	19,551	4,197	1,545

※ 출처 : NAMU EnR 금융공학 & 리서치센터, KRX, SMB, KFB

24

K-ETS KAU Market Reform

| 탄소배출권 장내 파생상품과 위험관리 | | | | 파생상품 3대 상장조건 : 표준화, 변동성, 유동성 | |

구분			가격 위험	수량 위험	위험 관리
■ 탄소자산-부채 관리	자산	잉여	가격 하락	탄소배출권 처분	선물 매도포지션
	부채	부족	가격 상승	탄소배출권 확보	선물 매입포지션

구분	가격 위험	수량 위험	위험 관리
■ 유상할당 경매시장 할당배출권 KAU 공급자	가격 하락	탄소배출권 처분	선물 매도포지션
할당배출권 KAU 수요자	가격 상승	탄소배출권 확보	선물 매입포지션

구분			가격 위험	수량 위험	위험 관리
■ 유연성 메커니즘	대출	잉여	가격 하락	탄소배출권 처분	선물 매도포지션
	차입	부족	가격 상승	탄소배출권 확보	선물 매입포지션

구분	가격 위험	수량 위험	위험 관리
■ 자발적 탄소크레딧 시장 GHG 탄소크레딧 공급자	가격 하락	탄소크레딧 처분	선물 매도포지션
GHG 탄소크레딧 수요자	가격 상승	탄소크레딧 확보	선물 매입포지션

※ Source : NAMU EnR Financing Engineering & Research Center

25

참고문헌

- 탄소시장의 비밀, 김태선, 경문사, 2009.10
- 에너지·탄소배출권 시장개론, 김태선 외 2인, 경문사, 2013.05
- 탄소시장 인베스트, 김태선, 두드림미디어, 2023.06
- 자발적 탄소크레딧 시장 101, 김태선 외 7인, 두드림미디어, 2024.03
- 자발적 탄소시장 다이제스트, 김태선, 두드림미디어, 2024.05
- 2023 한·중·일 탄소가격 포럼, 김태선, 환경부 · 온실가스정보센터(GIR), 2023.11
- State and Trends of Carbon Pricing 2023, World Bank Group, 2023.05
- State of the Voluntary Carbon Markets 2023, Ecosystem Marketplaces, 2023.11
- https://www.youtube.com/watch?si=wiFVn740ELdDD-kw&v=L5AWrEX2tkw&feature=youtu.be
- https://www.youtube.com/watch?v=FK7MpumUATg&t=1505s

※ Source : NAMU EnR Financing Engineering & Research Center

26

구분	유럽 탄소배출권시장(EU-ETS)	한국 탄소배출권시장(K-ETS)
온실가스 감축경로	추세 순응	추세 역행
글로벌 시장 점유율	79.1%	0.4%
시장 참여자	할당기업, 금융기관, 헤지펀드, 개인	할당기업, 시장조성자, 증권사
매매 회전율	80.1%	7.8%
경매 수익금	누적 기준 250조원	누적 기준 1.4조원
사표 레이쇼	0.82 배	0.04 배
시장안정화조치	준칙	정책당국 재량
매매 비중	장내 86.6%	장내 48.9%
이월 제한	무제한	제한
유상할당 비중	전환 100.0%, 산업 70.0%	유상할당 업종 10.0%

※ Source : NAMU EnR Financing Engineering & Research Center, EU Committee, 2030 감축목표 달성을 위한 배출권거래제 활용방안 김태선 온실가스정보센터 제24호 2023.01

27

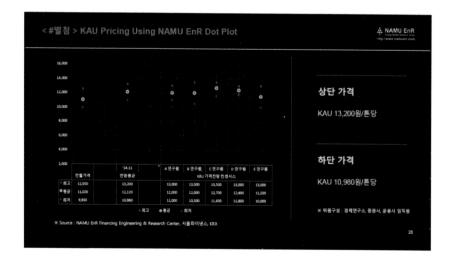

상단 가격

KAU 13,200원/톤당

하단 가격

KAU 10,980원/톤당

※ 위원구성 : 경제연구소, 증권사, 운용사 임직원

※ Source : NAMU EnR Financing Engineering & Research Center, 서울파이낸스, KRX

28

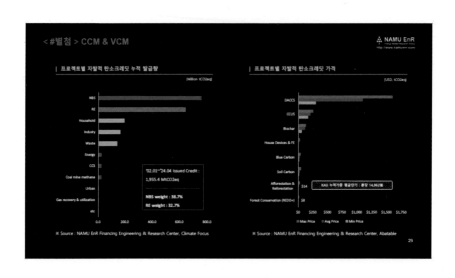

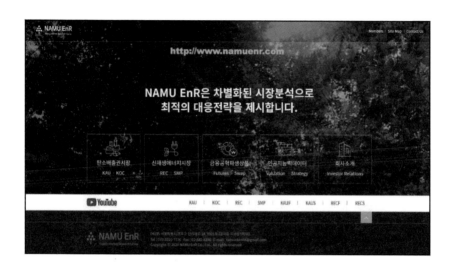

부록 2
ISDA 장외 파생상품 거래약정서 권고(안)

[제1장] '장외 파생상품 거래약정서 권고안' 사용에 대한 지침

본 권고안은 '자본시장과 금융투자업에 관한 법률'에 의한 금융투자업자가 장외 파생상품 거래 업무를 영위함에 있어서 영문계약서 사용에 따른 계약내용의 이해 부족 및 오해 소지의 가능성을 줄이고 계약내용을 국내 법령체계에 맞도록 구성함으로써, 거래의 활성화 및 편의성 제고, 금융기관 및 거래상대방의 거래에 대한 이해도를 증진함으로써 불필요한 분쟁 가능성의 최소화 등을 위해 ISDA 표준계약서를 근간으로 하여 각종 금융거래 계약서 및 거래관행 등을 참고로 하고 외부 법무법인의 법률자문을 거쳐 작성되었습니다.

아울러 본 권고안은 기본계약서, 담보계약서, 거래확인서 10종, 용어정의집, 위험고지문으로 구성되었으며 금융투자업자가 국내법의 규제를 받는 장외 파생상품 거래를 위한 계약체결 시 사용될 수 있도록 제정되었습니다.

그러나 본 권고안에 포함된 내용 중에도 실제 분쟁 발생 시 법원의 판결에 대한 불확실성이 상존하고 있으며, 또한 본 권고안 제·개정 이후 국내 법령의 개정, 국제표준의 변경, 법원 판결 및 거래관행의 축적 등이 예상되는 바, 본 권고안을 참조하여 장외 파생상품 거래를 위한 계약체결 시 반드시 변호사 등의 전문가에 의한 세밀한 검토와 계약체결 시점 유효한 관련 법령과의 부합 여부를 확인할 필요가 있습니다.

아울러, 국내 장외 파생상품 거래 관행을 정착시키고 거래가 활성화될 수 있도록 본 권고안에 대한 금융기관의 많은 관심과 활용을 당부드립니다.

본 권고안은 한국금융투자협회가 금융투자업자의 업무편의를 위하여 제공하는 것으로 금융기관 및 그 거래상대방에 대하여 어떠한 의무를 부담시킬 목적으로 작성되지 아니하였으며, 본 회는 본 권고안의 사용 및 인용에 대하여 어떠한 책임도 갖지 않습니다.

[제2장] 장외 파생상품 거래 기본계약서

2020년 ○○월 ○○일

고객 : _____

회사 : _____

고객과 회사는 본 장외 파생상품 거래 기본계약서(이하 '본 계약서'라 한다)의 적용을 받는 거래를 함에 있어 다음과 같이 약정한다.

제1조 용어의 정의

본 계약서에서 사용하는 용어의 정의는 다음 각 호와 같다.

1. '개별거래'라 함은 본 계약서의 적용을 받는 각 거래를 말한다.

2. '거래'라 함은 장외 파생상품 거래와 통화현물환거래를 말한다.

3. '거래확인서'라 함은 제3조 제1항에 의하여 성립한 개별거래의 합의내용을 기재한 문서를 말한다.

4. '귀책당사자'라 함은 제6조에 의한 귀책거래종료사유가 발생한 당사자를 말한다.

5. '기초자산'이라 함은 '자본시장과 금융투자업에 관한 법률' 제4조 제10항에서 정의된 기초자산을 말한다*.

6. '기한 전 거래종료일'이라 함은 귀책거래종료사유 또는 기타 거래종료사유의 발생으로 인하여 거래확인서에서 정한 거래종료일 전에 도래하는 거래종료일을 말한다.

7. '기한 전 종료거래'라 함은 기한 전 거래종료일이 지정된 개별거래를 말한다.

8. '담보계약서'라 함은 본 계약서 및 개별거래에 따른 의무를 담보하거나 그 이행을 보증하기 위하여 작성되는 문서를 말한다.

9. 어느 당사자의 '담보제공인'이라 함은 담보계약서에 따라 해당 당사자를 위하여 담보나 보증 등의 신용보강수단(총칭하여 이하 '담보 등'이라 한다)을 제공하기로 합의하였거나 제공한 자를 말한다.

10. '당사자'라 함은 본 계약서에 의하여 거래를 체결한 거래의 당사자로 본 계약서에 날인 또는 서명한 고객 또는 회사를 말하며, 그 중의 일방을 '일방 당사자', 그의 상대방을 '상대방 당사자'라 하고, 양 당사자를 모두 합쳐 '당사

---

* 아래와 같이 풀어 쓰는 것도 가능함 : '기초자산'이라 함은 '자본시장과 금융투자업에 관한 법률' 제4조 제10항에서 정의된 기초자산으로서 (1) 금융투자상품, (2) 통화(외국의 통화를 포함한다), (3) 일반상품(농산물·축산물·수산물·임산물·광산물·에너지에 속하는 물품 및 이 물품을 원료로 하여 제조하거나 가공한 물품, 그 밖에 이와 유사한 것을 말한다), (4) 신용위험(거래 당사자 또는 제3자의 신용등급의 변동, 파산 또는 채무 재조정 등으로 인한 신용의 변동을 말한다) 또는 (5) 그 밖에 자연적·환경적·경제적 현상 등에 속하는 위험으로서 합리적이고 적정한 방법에 의하여 가격·이자율·지표·단위의 산출이나 평가가 가능한 것을 말한다.

자들'이라 부른다.

11. '부속문서'라 함은 본 계약서의 체결 및 이행에 필요한 거래확인서, 담보계약서, 위험고지문, 용어정의집을 포함한 다른 계약서나 문서를 말한다.

12. '영업일'이라 함은 거래확인서에서 달리 정하지 아니하는 한 대한민국 내에서 은행이 일반적으로 영업을 위해 개점하고, 금융기관 간 외환시장에서 결제가 이루어지는 날을 말하되, '관공서의 공휴일에 관한 규정'에 의한 공휴일, '근로자의 날 제정에 관한 법률'에 의한 근로자의 날 및 토요일을 제외한다**.

13. '장외 파생상품 거래'라 함은 '자본시장과 금융투자업에 관한 법률' 제5조 제3항에서 정의된 장외 파생상품의 거래로서, 한국거래소(그 **승계기관을 포함한다**)가 개설하는 파생상품시장 또는 해외 파생상품시장(**파생상품시장과 유사한 시장으로서 해외에 있는 시장**) 밖에서 이루어지는 파생상품 거래 중 런던금속거래소의 규정에 따라 장외에서 이루어지는 금속거래, 런던귀금속시장협회의 규정에 따라 이루어지는 귀금속거래, 미국선물협회의 규정에 따라 장외에서 이루어지는 외국환거래, 일본의 상품거래소법에 따라 장외에서 이루어지는 외국환거래, 선박운임선도거래업자협회의 규정에 따라 이루어지는 선박운임거래, 대륙 간 거래소의 규정에 따라 장외에서 이루어지는 에너지 거래를 제외한 파생상품 거래를 말한다.

14. '최종청산잔액'이라 함은 기한 전 거래종료일로 지정된 시점에서 당사자들 사이에 최종적으로 지급되어야 할 순금액을 말하며, 그 산정방법은 제9조에서 정한 바와 같다.

** 필요한 경우 주식 또는 주가지수 장외 파생상품 거래에 있어서는 대상 주식 또는 주가지수가 거래되거나 산정되는 시장에서의 거래가 이루어지지 아니하는 날도 제외할 수 있음.

15. '통화현물환거래'라 함은 해당 거래일로부터 2영업일 이내에 결제가 이루어지는 외환매매 거래를 말한다.

16. '파생상품거래'라 함은 '자본시장과 금융투자업에 관한 법률' 제5조 제1항에서 정의된 파생상품의 거래로서, (1) 기초자산이나 기초자산의 가격·이자율·지표·단위 또는 이를 기초로 하는 지수 등에 의하여 산출된 금전 등을 장래의 특정 시점에 인도할 것을 약정한 거래, (2) 당사자 어느 한쪽의 의사표시에 의하여 기초자산이나 기초자산의 가격·이자율·지표·단위 또는 이를 기초로 하는 지수 등에 의하여 산출된 금전 등을 수수하는 거래를 성립시킬 수 있는 권리를 부여하는 것을 약정한 거래 또는 (3) 장래의 일정기간 동안 미리 정한 가격으로 기초자산이나 기초자산의 가격·이자율·지표·단위 또는 이를 기초로 하는 지수 등에 의하여 산출된 금전 등을 교환할 것을 약정한 거래를 말한다.

제2조 적용범위

① 본 계약서는, 당사자들이 제20조(특별조건)에서 배제하는 거래 또는 기타의 합의에 의하여 달리 정한 거래를 제외하고, 당사자들 사이에 본 계약서 체결 당시 이미 존재하거나 장래 체결하는 모든 거래에 적용된다.

② 전항에 의하여 본 계약서가 적용될 수 있는 거래에 관하여 당사자들 사이에서 적용할 다른 약정이 이미 있는 경우 해당 약정은 본 계약서 체결에 의하여 효력을 잃고, 본 계약서는 해당 약정을 대신하여 해당 거래에 적용된다.

③ 본 계약서와 거래확인서는 전체로서 단일한 계약을 구성한다.

④ 본 계약서와 거래확인서의 내용이 상이한 경우 해당 거래확인서에 의한 개별 거래에 관하여는 거래확인서가 우선하여 적용된다.

⑤ 제20조와 본 계약서의 다른 조항이 일치하지 않는 경우에는 제20조의 내용이 우선하여 적용된다.

제3조 개별거래의 성립

① 본 계약서에 의한 개별거래에 있어 당사자들은 각 개별거래의 조건에 합의한 때 구두 또는 문서로 개별거래를 체결할 수 있고, 개별거래는 당사자들이 위와 같이 거래조건에 합의하는 시점에 성립한다.

② 개별거래가 성립되면 회사는 가능한 한 신속하게 거래확인서를 작성하여 직접 또는 인편, 우편, 팩스, 전자우편, 고객과 합의한 기타 방법으로 고객에게 교부한다. 고객은 회사로부터 거래확인서를 받은 후 지체 없이 해당 거래확인서가 쌍방이 합의한 사항을 정확하게 기술하고 있는지 확인하여야 한다.

③ 고객은 거래확인서를 받은 후 제1항에서 합의한 내용과 거래확인서의 내용이 일치하지 않음을 발견한 경우에는, 가능한 한 신속하게 그 내용을 회사에 제출하여야 한다.

④ 거래확인서는 각 개별거래에 관한 입증자료에 해당하며, 거래확인서 작성 및 교부 전이라도 개별거래의 효력에는 영향이 없다.

제4조 지급 등의 일반조건

① 당사자는 본 계약서 및 거래확인서에서 정하는 바에 따라 지급의무나 인도의무를 이행한다.

② 지급의무는 거래확인서에 명시된 기일에 본 계약서 또는 거래확인서에 지정된 계좌로 본 계약서 또는 거래확인서에 약정한 통화에 의해 즉시 사용 가능한 현금을 지급하거나 송금하는 방법으로 이행하고, 인도의무는 거래확인서

에 명시된 기일에 거래확인서에서 정한 방법 또는 인도를 받을 당사자가 통상적인 관례에 따라 지정한 방법으로 이행하기로 한다.

③ 제1항에 따른 각 당사자의 의무 이행은 다음 각 호의 선행조건 충족을 전제로 한다.

  1. 상대방 당사자에게 귀책거래종료사유(기간의 경과나 통지 등에 의하여 귀책거래 종료사유에 이를 수 있는 잠재적인 사유를 포함한다)가 발생하여 존속하고 있지 아니할 것

  2. 개별거래에 대하여 기한 전 거래종료일이 도래하였거나 유효하게 지정되지 아니하였을 것

  3. 기타 합의된 선행조건이 충족되었을 것

④ 일방 당사자는 상대방 당사자에 대한 거래확인서에 명시된 기일로부터 5영업일 전 통지에 의하여 지급 또는 인도의 수령을 위한 계좌 및 인도장소를 변경할 수 있다. 이러한 계좌나 인도장소의 변경은 상대방 당사자가 변경통지수령일로부터 2영업일 이내에 합리적인 이유를 명시하여 이의를 제기하지 아니하는 한 통지한 대로 효력이 발생한다.

⑤ 당사자들이 달리 합의하지 않는 한, 일방 당사자가 특정일에 특정 개별거래에 따라 상대방 당사자에게 특정 통화로 일정액을 지급할 의무가 있고, 상대방 당사자는 동일한 날에 동일한 개별거래에 따라 동일한 통화로 일정 금액을 일방 당사자에게 지급할 의무가 있는 경우, 그 날짜에 각 당사자가 상대방 당사자에게 해당 통화로 일정 금액을 지급할 의무는 대등액의 범위 내에서 이행하여 소멸되는 것으로 보고, 당사자들의 의무는 지급할 금액이 많은 일방 당사자가 각 당사자가 지급하여야 할 금액의 차액만을 상대방 당사자에 지급하여야 하는 의무로 대체되는 것으로 한다.

제5조 진술 및 보장사항

각 당사자는 본 계약일 현재 다음의 각 호의 사항을 진술하고 그 내용의 진실함을 보장한다. 이러한 진술 및 보장은 각 개별거래의 성립 시에 반복하여 이루어지는 것으로 간주한다.

1. 각 당사자는 대한민국 상법 기타 그 설립에 관한 법령에 따라 적법하게 설립되어 존속하고 있다.

2. 각 당사자는 본 계약서 및 부속문서의 체결과 이행을 위한 모든 내부승인 절차를 마쳤고, 각 당사자를 대신하여 본 계약서 및 부속문서에 서명한 자는 각 당사자를 대신하여 서명할 수 있는 적법한 권한을 갖고 있다.

3. 각 당사자가 본 계약서 및 부속문서를 체결하고 이행하는 것은 관련 법령이나 정관의 규정, 각 당사자의 자산에 대하여 적용되는 법원의 판결이나 명령 또는 정부기관의 명령, 기타 각 당사자가 구속되는 계약상의 제한에 위반되거나 저촉되지 아니한다.

4. 각 당사자는 본 계약서 및 부속문서를 체결하고 이행하는 데 필요한 모든 정부(한국은행 등을 포함하여)의 인·허가(신고 포함) 및 제3자의 승낙 등을 유효하게 얻었으며, 그러한 인·허가 및 승낙 등은 현재 유효하게 존속하고 있다.

5. 각 당사자에게 제6조 및 제7조에서 정한 귀책거래종료사유 및 기타 거래종료사유에 해당하는 어떠한 사유도 발생하여 지속되고 있지 아니하며, 본 계약서 및 부속문서의 체결과 이행이 그러한 사유를 발생시키지 않는다.

6. 각 당사자에게 본 계약서 및 부속문서의 적법·유효성에 영향을 미칠 만한 소송, 중재 또는 기타 분쟁 관련 절차나, 각 당사자의 재무상태 또는 본 계약서 및 부속문서의 이행 능력에 영향을 미칠 만한 중대한 소송, 중재 또는 기타 분쟁 관련 절차가 진행되고 있지 않고 새로이 제기될 우려도 없다.

7. 각 당사자가 상대방 당사자에게 서면으로 제공하는 모든 정보들은 정보제공일 기준으로 모든 면에서 진실되고 정확하며 완전한 정보이다.

8. 고객이 '자본시장과 금융투자업에 관한 법률'에 규정된 일반투자자인 경우 해당 고객이 본 계약서에 의하여 체결할 개별거래는 모두 위험회피목적거래이다. 본 호에서 '위험회피목적 거래'라 함은 고객의 입장에서 그가 보유하고 있거나 보유하려는 자산·부채 또는 계약 등(이하 '위험회피대상'이라 한다)에 대하여 미래에 발생할 수 있는 경제적 손실을 부분적 또는 전체적으로 줄이기 위한 거래로서, 해당 거래 체결 당시 시점에서 판단할 때 거래 기간 중 해당 거래에서 발생할 수 있는 손익이 관련 위험회피대상에서 발생할 수 있는 손익의 범위를 초과하지 않는 거래를 말한다.

9. 고객이 '은행업감독업무시행세칙' 또는 '금융투자업규정시행세칙'에 규정된 기업투자자인 경우 해당 고객이 본 계약서에 의하여 체결할 외환파생상품 거래의 위험헤지비율은 개별 거래확인서에서 정한 한도를 초과하지 아니한다. 본 호에서 '외환파생상품 거래'라 함은 '은행업감독업무시행세칙' 또는 '금융투자업규정시행세칙'에 규정된 외국통화를 기초자산으로 하는 장외 파생상품 거래를 말한다. 본 호에서 '위험헤지비율'이라 함은 거래확인서에 명시된 의미를 가진다.

제6조 귀책거래종료사유

어느 당사자 또는 그의 담보제공인(이하 이들을 합쳐 이 조 및 제7조에서 '당사자 등'이라 한다)에게 다음 각 호의 1에 해당하는 사유가 발생하는 경우에는 해당 당사자에게 귀책거래종료사유가 발생한 것으로 본다. 다만, 어떠한 사유가 본 조에 의한 귀책거래종료사유에 해당됨과 동시에 제7조에 의한 기타 거래종료사유에 해당

되는 경우에는 당해 기타 거래종료사유로 인하여 귀책거래종료사유가 발생한 경우에 한하여 이를 귀책거래종료사유가 아닌 기타 거래종료사유로 보고, 그 외의 경우에는 이를 귀책거래종료사유로 본다.

1. 지급일 또는 인도일에 본 계약서와 개별 거래확인서에 의한 지급의무나 인도의무를 전부 또는 일부 이행하지 아니하고 그러한 불이행 사실을 상대방 당사자로부터 통지 받은 날로부터 1영업일 이내에 불이행이 시정되지 않는 경우

2. 위 제1호의 지급 또는 인도의무를 제외한 본 계약서와 개별 거래확인서에 의한 의무를 전부 또는 일부 이행하지 아니한 경우. 만약 그러한 불이행이 치유될 수 있는 성질의 것인 경우에는 그러한 불이행 사실을 상대방 당사자로부터 통지받은 날로부터 5영업일 이내에 불이행이 시정되지 않는 경우

3. 본 계약서와 개별거래에 의한 의무를 부분 또는 전체적으로 부정, 거부하거나 그 효력에 이의를 제기하는 경우

4. 본 계약서 및 담보계약서에 따라 제공되는 담보 등과 관련하여 다음 각 목의 1에 해당하는 사유가 발생하는 경우

   가. 당사자 등이 본 계약서나 담보계약서에 따라 준수되거나 이행되어야 하는 의무를 준수하지 아니하거나 이행하지 아니하는 경우 또는 기타 담보계약서에서 정한 귀책거래종료사유가 발생한 경우

   나. 담보계약서와 관련된 각 거래에 따른 당사자 등의 모든 채무가 변제되기 이전에 상대방 당사자의 서면에 의한 동의 없이, 그 담보계약서가 기간 만료되거나 종료된 경우 또는 그 담보계약서에 따라 상대방 당사자에게 설정해 준 담보 등이 그 일부에 있어서라도 효력을 상실하거나 그 효력이 중단된 경우(다만, 위 각 경우에 원래의 계약 조건에 따라 효력이 상실되거나 중단된 경

우를 제외한다)

다. 당사자 등이 담보계약서를 부분 또는 전체적으로 부정, 거부하거나 그 효력에 이의를 제기하는 경우

5. 본 계약서 및 담보계약서상 진술되었거나 반복되어 진술되는 것으로 간주되는 사항이 그 진술 시 또는 진술간주 시점에서 중요한 사항에 관하여 허위이거나 상대방 당사자의 오판을 유발할 소지가 있는 경우

6. 당사자 등이 채무자인 아래 특정거래에 대하여 다음 각목의 1에 해당하는 사유가 발생한 경우

특정거래 : _____

가. 특정거래의 채무에 관한 기한 이익이 상실되거나 상실할 가능성이 있게 된 경우

나. 특정거래 또는 특정거래와 관련된 담보거래상의 지급 또는 인도 예정일 이후 유예기간이 지나도록 지급 또는 인도를 불이행하고 있는 경우(유예기간이 없는 경우에는 그 불이행이 최소한 1영업일 동안 계속되는 경우)

다. 특정거래 또는 특정거래와 관련된 담보거래의 전부 혹은 일부를 번복, 부인, 이행거절 혹은 거부하고, 또는 그 효력에 이의를 제기하는 경우

7. 당사자 등이 제3자에 대한 일체의 차입관련 채무(현재 또는 장래의 채무 여부, 우발채무 여부, 주채무자로서든 보증인 기타의 자격으로든 불문한다. 다만, 통상의 영업과정에서 발생한 예금 관련 채무는 제외한다) 또는 파생상품 거래로 인하여 발생하는 의무에 대하여 해당 의무의 전부 또는 자기자본(직전 결산기의 대차대조표상 자산총액에서 부채총액을 차감한 금액을 말한다)의 [__]%에 해당하는 금액 이상을 이행하지 아니한 경우

8. 당사자 등에게 정관에서 정한 해산사유가 발생하였거나 해산에 관한 주주

총회의 결의 기타 이에 상당한 절차가 취하여지거나 법원에 대한 해산명령의 신청 또는 해산판결의 청구가 있는 경우

9. 당사자 등에 대하여 어음교환소 또는 거래은행의 거래정지처분이 있거나, 당사자 등이 채무를 지급할 수 없거나 지급정지나 지급불능을 인정하거나 폐업, 도피 기타의 사유로 사실상 지급을 정지한 경우

10. 당사자 등이 (1) 채권자의 이익을 위하여 영업의 전부 또는 중요한 일부를 양도 기타 처분하기로 약정하거나 (2) 채권자들 또는 채권금융기관과 채무의 상환유예 및 조정, 사적 화의, 경영 및 자금관리 기타 이와 유사한 약정을 체결하거나 (3) 위 (1) 또는 (2)에 관한 주주총회의 결의, 채권금융기관협의회 및 기타 이와 유사한 협의회의 소집 기타 그러한 약정의 체결을 위한 절차가 개시된 경우

11. 당사자 등 또는 제3자가 당사자 등에 대하여 '채무자 회생 및 파산에 관한 법률'상 회생절차 또는 파산절차를 신청한 경우

12. 당사자 등에게 해산(단, 합병으로 인한 해산은 제외한다), 청산, 채권자에 의한 기업 구조조정절차, 사적 화의 등이 개시되거나 그러한 절차와 관련하여 관리인, 관재인, 수탁인 기타 유사한 직위의 자의 선임을 구하거나 선임이 된 경우

13. 당사자 등의 모든 자산 또는 상당한 자산에 대한 가압류나 가처분, 압류, 체납처분, 경매개시, 강제집행 기타 유사한 조치가 이루어진 경우 또는 본 계약서나 개별거래에 의하여 당사자 등이 상대방 당사자에 대하여 갖는 권리의 대상이 되는 자산의 전부 또는 일부에 대하여 압류 또는 가압류, 가처분, 체납처분 또는 기타 이와 유사한 조치가 이루어진 경우

14. 당사자 등의 주된 영업이 변경, 정지 또는 취소되거나 이에 관한 행정처분을 받은 경우

15. 당사자 등에 대하여 금융기관의 채무불이행자명부 등재 신청이 있거나 당

사자 등에 대한 정보가 신용정보관리규약상 신용거래정보 중 연체정보, 대위변제·대지급정보, 부도정보, 관련인 정보, 금융질서문란정보 및 공공기록정보로 등록된 경우

16. 당사자 등이 '예금자보호법' 또는 '금융산업의 구조개선에 관한 법률'에 따라 부실금융기관으로 지정된 경우이거나 금융 관련 법령에 의하여 당사자 등이 보유하는 그 소유의 자산이나 투자자의 자산이 관리인 또는 관재인에게 이전되거나 감독기관으로부터 그 이전을 명령받은 경우

17. 당사자 등이 다른 회사와 합병하거나, 그 전부 또는 대부분의 영업이나 자산을 제3자에게 이전함에 있어 본 계약서와 담보계약서에 의한 당사자 등의 의무의 전부 또는 일부를 승계하지 아니하기로 한 경우

18. 당사자 등의 (1) 합병, 분할, 주식의 교환이나 이전 또는 자산의 전부나 중요 부분의 양도, (2) 다른 법인 자산의 양수로서 해당 당사자 등에게 중요한 의미를 갖는 규모의 양수, (3) 자본구조의 현저한 변경 또는 (4) 경영권의 변동이나 관련 계약의 체결로 인하여, 당해 당사자 등의 신용도가 현저하게 저하되는 경우

19. 그 밖에 거래확인서에서 정한 귀책거래종료사유가 발생한 경우

제7조 기타 거래종료사유

당사자 등에게 다음 각 호의 1과 같은 사유가 발생하는 경우에는 당해 사유에 영향을 받는 거래에 대하여 기타 거래종료사유가 발생한 것으로 본다. 다만, 아래 제1호를 구성하거나 발생시키는 사유가 제2호의 사유도 구성할 경우 제1호의 사유로 취급된다.

1. 개별거래 체결 이후 법규의 제정, 개정 또는 해석 변경이나 법원의 판결 등으

로 말미암아, 당사자가 본 계약에 의한 개별거래상의 의무를 이행하거나 그 이행을 제공받는 것이 위법하게 되거나 당사자 등이 담보계약서에 따른 의무를 이행하거나 그 이행을 제공받는 것이 위법하게 된 경우로서 그 사유가 발생한 날로부터 3영업일이 지나도록 그 위법상태가 치유가 되지 않은 경우

2. 천재지변, 전시·사변, 파업, 통신장애, 기타 이에 준하는 사유의 발생으로 개별거래의 지속이 어려운 경우로서 그 사유가 발생한 날로부터 8영업일 이내에 그 상태가 치유가 되지 않은 경우

3. 그 밖에 거래확인서에서 정한 기타 거래종료사유가 발생한 경우

제8조 기한 전 거래종료일의 지정

① 귀책당사자 또는 기타 거래종료사유가 발생한 당사자는 이를 알게 되는 즉시 상대방 당사자에게 그 사유 및 관련 개별거래의 내역을 명기하여 통지하여야 하며, 상대방 당사자가 그 사유에 관하여 합리적으로 요구하는 자료를 제공하여야 한다.

② 귀책거래종료사유가 발생한 경우 그 사유가 지속되는지 여부 및 귀책당사자가 제1항의 의무를 이행하였는지 여부와는 상관없이, 귀책당사자의 상대방 당사자는 귀책당사자에 대하여 해당 귀책거래종료사유를 명시하여 모든 개별거래에 관하여 기한 전 거래종료일을 지정하여 통지함으로써 모든 개별거래를 해지할 수 있다.

③ 기타 거래종료사유가 발생하고 그 사유가 지속되는 경우 당해 사유가 발생한 당사자가 제1항의 의무를 이행하였는지 여부와는 상관없이, (1) 제7조 제1호 또는 제2호의 경우에는 당사자들 중 누구라도 해당 기타 거래종료사유를 명시하여 해당 사유와 관련이 있는 개별거래(이 조에서 '관련 개별거래'라 한다)에

대하여 상대방 당사자에게 기한 전 거래종료일을 지정하여 통지함으로써 관련 개별거래를 해지할 수 있고, (2) 제7조 제3호의 경우에는 거래확인서에서 지정한 당사자가 상대방 당사자에게 기한 전 거래종료일을 지정하여 통지함으로써 거래확인서에서 지정한 거래를 해지할 수 있다.

④ 제2항 및 제3항에 의하여 기한 전 거래종료일을 지정하는 경우에는 통지일로부터 20일 이내의 특정 영업일을 기한 전 거래종료일로 지정하기로 한다.

⑤ 제2항 또는 제3항에 따라 기한 전 거래종료일의 지정에 대한 통지가 이루어지는 경우 그와 관련된 귀책거래종료사유나 기타 거래종료사유의 지속 여부에 관계없이 기한 전 거래종료일로 지정된 날에 모든 개별거래 또는 관련 개별거래들은 유효하게 종료된다.

제9조 기한 전 거래종료 시의 정산

① 기한 전 거래종료일이 도래하는 경우 회사는 기한 전 거래종료일 기준으로 최종청산잔액을 계산한다.

② 회사는 각 기한 전 종료거래(들)에 대한 총 정산금액과 고객이 회사에게 지급하여야 할 미지급금을 합한 금액에서, 회사가 고객에게 지급하여야 할 미지급금을 차감한 금액을 최종청산잔액으로 산정한다. 만약 그 금액이 양수인 경우 고객은 회사에게 그 금액을 지급하고, 그 금액이 음수인 경우 회사가 고객에게 그 금액의 절대가치를 지급한다.

1. 본 항에서 '미지급금'이라 함은 본 계약에 의거하여 기한 전 거래종료일 이전에 지급의무가 발생하였으나 기한 전 거래종료일까지 지급되지 아니한 금액 및 기한 전 거래종료일 이전에 인도, 결제 등의 비금전적 이행의무가 발생하였으나 기한 전 거래종료일까지 인도되지 아니한 의무의 시장가격을 말한다.

2. 본 항에서 '정산금액'이라 함은 기한 전 종료거래(들)에 대하여, 그 중요한 조건 또는 옵션 권리 등을 대체하거나 또는 그와 경제적으로 동등한 가치가 있는 거래를 회사가 체결하는 데 있어서, 회사가 부담하거나 부담하였을 손실 혹은 비용(양수로 표시) 또는 실현되거나 실현되었을 이익(음수로 표시)의 금액을 의미한다. 이 경우, 미지급금 및 제16조에서 정하는 법률비용 및 제 경비는 위 정산금액을 계산하는 데 있어서 고려되지 아니한다. 정산금액의 구체적인 계산 방법은 아래와 같다.

가. 회사는 신의성실의 원칙에 따라 합리적인 방법을 사용하여 정산금액을 결정하여야 한다. 회사는 정산금액의 계산에 있어 관련된 모든 정보를 고려할 수 있고, 특히 다음과 같은 유형의 정보를 가능한 한도에서 고려하도록 한다. : 1개 사 이상의 제3자(본 목에서 '제3자'라 함은 해당 장외 파생상품 시장의 투자매매업자를 말한다)가 제공하는 대체거래를 위한 호가(확정가이거나 희망가격인지 여부를 불문한다), 1개 사 이상의 제3자가 제공하는 거래의 평가와 관련된 시장 정보 및 회사가 고객이 아닌 제3자와의 사이에, 기한 전 종료거래와 유사한 거래의 가격 책정 또는 평가에 있어 통상적인 업무과정에서 이용하고 있는 유형의 정보(회사 내부의 출처에 의한 정보를 포함한다).

나. 가목에도 불구하고, 고객은 회사가 다음과 같은 방법으로 정산금액을 결정한 경우 정산금액의 합리적인 결정방법으로 볼 수 있다는 점에 대하여 합의한다. : 회사가 대체거래에 관하여 시장조성자들로부터 제시받은 시장호가들을 고려하여 정산금액을 정하는 방법. 이 경우, 회사가 시장조성자들로부터 제시받은 시장호가들이 4개 이상이면, 그중 최고 금액과 최저 금액을 제외한 나머지 금액들을 산술 평균한 금액이 정산금액이 되며, 위 시장호가들이 정확히 3개만 입수될 경우(단, 이와 관련하여 두 개 이상의 동일한 시장호가들이 입수된 경우에는 그중 한 개의 시장호가는 무시한다)에는, 최고 금

액과 최저 금액을 제외한 나머지 금액이 정산금액이 되며, 당해 시장호가(들)이 3개 미만으로 입수된 경우에는, 본 목의 방식으로 정산금액을 결정할 수 없는 것으로 한다.

다. 가목 및 나목에 있어서, 정산금액의 결정은 기한 전 종료일을 기준으로 하는 것을 원칙으로 하되, 기한 전 종료일을 기준으로 삼는 것이 합리적이지 않은 경우에는 기한 전 종료일 직후에 도래하는 날로서 가장 합리적인 일자(들)를 기준으로 하여야 한다.

라. 회사는 가목 및 나목의 방법으로 결정된 정산금액에서, 관련 자금을 조달하는 데 소요되는 비용(Cost of funding), 기한 전 종료거래에 관련되는 헤지(Hedge)를 위한 거래의 종료, 청산 또는 재거래를 위하여 부담한 모든 손실 또는 비용(또는 이것들에 의하여 얻은 모든 이익)을 추가로 고려할 수 있다.

본 호에서 '대체거래'라 함은 기한 전 종료거래(들)과 동일한 경제적 효과를 발생시킬 대체적인 거래를 말한다.

본 호에서 '시장조성자'라 함은 장외 파생상품 거래 업무를 영위하는 투자매매업자 중 회사가 선택한 투자매매업자를 말한다.

본 호에서 '시장호가'라 함은 회사가 시장조성자로부터 제시받은, 대체거래를 체결하는 데 소요되는 금액(미지급금은 고려되지 않으나 기한 전 거래종료가 되지 않았더라면 기한 전 거래종료일 이후 지급 또는 인도되었을 금액과 기존의 담보계약서는 고려된다)을 말한다.

③ 회사는 제2항과 같이 최종청산잔액을 계산한 후 그 금액과 지급의무자를 가능한 한 조속히 고객에게 통지하여야 하며, 최종청산잔액의 지급일은 통지 도달일로부터 2영업일이 되는 날로 한다.

④ 제2항에 의하여 계산된 바에 따라 최종청산잔액의 지급의무를 부담하는 당사자가 이를 모두 지급한 이후 미확정 또는 미인지된 제세금·수수료·이자·배

당·신주인수권 등으로 인한 정산금액의 변동 또는 계산상의 오류로 인하여 추가 정산사유가 발생하는 경우에는 일방 당사자는 상대방 당사자에게 추가 정산을 요구할 수 있다.

제10조 양도 및 담보 제공 금지

일방 당사자는 상대방 당사자의 사전 서면 동의 없이 본 계약서 및 개별거래상의 어떠한 권리나 의무도 제3자에게 양도하거나 제3자에게 담보로 제공할 수 없다. 다만, 일방 당사자가 합병 또는 자산의 전부 또는 중요 부분의 양도로 인하여 본 계약 또는 개별거래상의 권리나 의무를 양도하는 경우에는 예외로 한다.

제11조 지연배상금 및 비용

① 본 계약서나 개별거래에 의하여 부담하는 지급 또는 인도의무를 이행하지 아니한 당사자는 지급하지 않은 금액(지급의무를 이행하지 않은 경우) 또는 인도할 물건의 시장가격(인도의무를 이행하지 않은 경우)에 대하여 그 기일(포함)로부터 실제 이행일(불포함)까지의 기간에 대해 연 [19]%의 지연이자율을 적용하여 계산한 지연배상금을 상대방 당사자에게 지급하여야 한다.

② 귀책당사자는 귀책거래종료사유의 발생에 따라 발생하는 다음 각 호의 1의 사유로 소요되는 비용을 부담한다.

1. 기한 전 거래종료로 발생하는 관련 비용

2. 채권 또는 담보권의 행사 또는 보전

3. 담보목적물의 조사 또는 추심

4. 채무이행의 독촉을 위한 통지

5. 제1호 내지 제4호에 의한 비용을 상대방 당사자가 직접 지출한 경우 그 비용 및 그에 대한 연 [__]%의 이율에 의한 이자

제12조 지급통화

① 제9조 및 제11조에 의한 지급은 다른 약정이 없는 한 대한민국의 법정통화인 원화로 하기로 한다.

② 제1항에 의한 지급을 포함하여 본 계약서 및 개별거래에 따른 모든 지급에 있어 당사자 간에 약정한 통화(이 조에서 '계약통화'라 한다)와 다른 통화로 지급이 이루어진 때에는 그 지급은 해당 통화를 계약통화로 환산한 금액의 범위 내에서만 효력이 있다. 계약통화가 아닌 통화로 변제가 이루어진 경우에, 수취한 통화를 계약통화로 환전한 금액이 본 계약서상 받기로 한 계약통화 지급금액에 미달하는 경우에는 지급의무가 있는 당사자가 그 부족분을 보상하는 데 필요한 추가금액을 지체 없이 계약통화로 지급하고, 반대로 당해 환전한 금액이 본 계약서상 받기로 한 지급금액을 초과하는 경우에는 지급받은 당사자가 그 초과금액을 지체 없이 반환한다.

③ 본 계약과 관련한 지급의무에 관하여 법원의 판결 또는 기타 명령 등이 계약통화 이외의 통화로 내려진 경우에도 위 판결 또는 명령에도 불구하고 제2항을 적용하기로 한다.

④ 당사자들이 달리 정하지 않는 한 제2항에 따라 통화를 환산하는 경우 그 환산은 지급받은 당사자가 지급받을 당시의 현물환율 등을 고려하여 신의성실의 원칙에 따라 합리적 방법으로 한다.

제13조 거래담당자

① 고객이 고객을 위하여 회사와 개별거래를 체결하고, 회사에 개별거래의 결제에 관한 지시를 하며, 기타 본 계약서 및 거래확인서에 따른 제반 행위를 할 수 있는 권한을 부여한 거래담당자를 따로 둔 경우에는 고객은 그러한 거래담당자의 성명, 그가 사용할 인감이나 서명감 및 연락처를 회사에 따로 신고하여야 한다.

② 고객은 제1항에 따라 신고한 사항이 바뀐 때에는 즉시 이를 서면으로 회사에 변경 신고하여야 한다. 고객이 이와 같이 신고하기 전에는 회사가 신고 사항에 변경이 없는 것으로 처리할 수 있으며, 고객이 신고를 게을리하여 고객에게 발생한 손해에 대해서는 회사는 회사의 귀책사유가 없는 한 책임을 지지 아니한다.

③ 당사자는 본 계약서 및 부속문서와 제15조에 의하여 교환하는 통지의 진위를 확인하기 위하여 상대방 당사자의 사용인감 또는 서명감을 사전에 교환하기로 하며, 이에 변경이 있을 경우 지체 없이 상대방 당사자에게 서면으로 통지하기로 한다. 각 당사자가 본 항에 의하여 신고된 사용인감 또는 서명감과 대조 대상인 문서상의 사용인감 또는 서명감을 상당한 주의로써 육안으로 대조하여 틀림이 없다고 인정하여 본 계약서 및 개별거래와 관련된 업무를 처리하는 때에는 사용인감 또는 서명감의 위조·변조·도용 등의 사고가 있을 경우에 발생된 손해를 상대방 당사자에게 청구할 수 없고, 해당 문서의 기재문언에 따라 책임을 지기로 한다. 다만, 상대방 당사자가 사용인감이나 서명감의 위조·변조 또는 도용 사실을 알았거나 알 수 있었을 때는 그러하지 아니한다.

제14조 기본계약의 해지 및 수정

① 본 계약서의 다른 조항의 내용에 반하지 않는 범위에 한하여 본 계약서에 의한 각 당사자의 의무는 본 계약서의 해지에도 불구하고 존속한다.

② 본 계약서 및 부속문서에 대한 수정은 당사자들의 합의에 의하여 서명 또는 기명날인한 서면의 교환으로 확인되는 경우에만 유효하다. 이러한 교환은 직접 또는 인편, 우편, 팩스, 전자우편의 방법을 포함한다.

제15조 통지의 방법 등

① 본 계약서와 관련한 통지 또는 기타 의사전달의 방법 및 효력발생시기는 다음 각 호의 1의 방법에 따른다. 다만, 효력발생시기가 영업일이 아니거나 오후 [__]시(서울 시간) 이후인 경우에는 그 통지 및 의사전달의 효력 발생시기는 그 다음 영업일의 오전 [__]시(서울 시간)로 하며, 본 계약서 제8조 및 제9조에 의한 통지는 아래 제4호의 방법에 의해서는 행해질 수 없다.

1. 직접 또는 인편에 의한 서면 의사통지 : 상대방 당사자의 주소로 전달된 때

2. 우편 또는 이와 유사한 방법에 의한 의사통지 : 상대방 당사자의 주소로 전달되거나 도달한 때

3. 전화 및 팩스에 의한 의사통지 : 상대방 당사자의 수신권한이 있는 자에게 그 통지내용을 확인할 수 있는 형태로 전달된 때(수령의 증명책임은 송신인이 부담하며, 팩스통지의 경우 송신인의 팩스에서 출력된 송신보고서로 그 증명책임이 충족되지는 아니한다)

4. 전자우편 또는 컴퓨터 기타 이와 유사한 전자통신 등의 방법에 의한 의사통지 : 상대방 당사자가 관리하는 컴퓨터 등 전산장치에 전달된 때

② 당사자는 제1항의 통지를 받을 담당자의 성명, 주소, 전화번호, 팩스번호, 전자우편 주소 등의 변경이 있을 경우에는 지체 없이 사전에 합의한 방법에 따라 상대방 당사자에게 변경신고를 하기로 한다. 각 당사자가 본 항의 신고 및 변경을 게을리 함으로 인하여 입은 손해는 자신이 부담하는 것으로 하며 상대방 당사자에게 대하여 어떠한 청구나 주장을 하지 않기로 한다.

제16조 비용

귀책당사자는 본 계약서 또는 담보계약서에 따라, 상대방 당사자가 자신의 권리를 행사하거나 보전할 때 발생하는 법률비용, 집행비용 및 인지세를 포함한 제 경비 또는 기한 전 거래종료로 인하여 상대방 당사자가 부담하는 제경비(**상대방 당사자가 부담하는 회수비용을 포함하나 이에 한정되지 아니한다**)를 상대방 당사자의 청구가 있는 후 즉시 상대방 당사자에 대하여 합리적인 범위에서 모두 보상한다.

제17조 준거법 및 재판관할

① 본 계약서 및 거래확인서에서 정하지 아니한 사항에 대하여는 개별거래에 관한 대한민국의 법령을 적용하며, 대한민국의 법령에서도 정함이 없는 경우에는 거래에 관한 금융시장의 관행에 따르기로 한다.
② 본 계약서 또는 개별거래에 관한 다툼이 있을 경우의 관할법원은 민사소송법이 정하는 관할법원과 회사의 거래영업점 소재지 지방법원을 관할법원으로 한다. 다만, 고객의 책임 있는 사유로 부실채권이 발생되어 그 채권의 관리를 위하여 회사가 본점·지역본부 또는 다른 영업점으로 그 채권관리 업무를 이관한 경우에는, 위 관할법원과 아울러 이관받은 본점·지역본부 또는 다른 영업점의 소재지 지방법원을 관할법원으로 한다.

제18조 기타

① 당사자는 개별거래와 관련된 통화내용을 녹음할 수 있으며, 이러한 녹음물을 증거로 사용할 수 있다.

② 개별거래에 의한 지급금액 등은 계산대리인이 계산하거나 결정하기로 하되, 당사자들이 달리 합의하지 않는 한 회사가 계산대리인이 되기로 한다.

③ 귀책당사자의 상대방 당사자 또는 기타거래종료사유가 발생한 당사자의 상대방 당사자는 기한 전 거래종료 시에 본 계약서에 의한 양 당사자 간에 지급할 채권·채무 및 본 계약서에 의하지 아니하는 당사자 간의 기타 채권·채무액을 만기의 도래 여부나 지급통화 또는 해당 채권·채무의 확정 여부와 관계없이 별도의 통지 없이도 대등액의 범위에서 상계할 수 있다. 지급할 통화가 서로 다른 경우나 일방 당사자의 지급의무가 확정되지 아니한 때에는 상계하는 당사자가 상계 당시의 현물환율을 포함한 거래여건 및 관행 등을 고려하여 신의성실의 원칙에 따라 환산 또는 산정하여 상계할 수 있다. 본 항에 의하여 상계처리한 당사자는 그 상계의 내역을 상대방 당사자에게 가능한 한 조속히 통지하기로 한다.

④ 본 계약서상 어느 조항이 무효이거나 집행불가능하더라도 이는 다른 조항의 효력이나 집행가능성에 영향을 미치지 아니하며, 나머지 조항들은 계속 유효하다.

제19조 위험고지

고객은 본 계약서에 별도로 첨부된 '장외 파생상품 거래에 관한 위험고지'를 읽고 충분히 이해하였음을 회사에게 확인한다.

[이하 제20조 특별조건]

제20조 특별조건

위 제1조 내지 제19조의 규정에도 불구하고 당사자들은 아래와 같이 특약한다
(기재가 없는 항목은 특약사항이 아닌 것으로 본다).

① 제2조 제1항에도 불구하고, 당사자들은 다음에 열거한 거래를 본 계약서의
적용에서 배제하기로 한다(거래 유형의 특정 또는 계약의 특정에 의한 배제 포함).

② 기타 수정 항목

본 계약의 증거로써 각 당사자는 아래에 명시된 날짜에 본 계약을 체결하며, 본
계약서의 첫 페이지에 명시된 날짜부터 본 계약서가 효력을 갖는 데 동의한다.

고객

성명 또는 법인명 :   (날인 또는 서명)

주소(본사 소재지) :

날짜 :

회사

회사명 :   (날인 또는 서명)

주소(본점 소재지) :

날짜 :

탄소배출권 선물시장 투자전략

제1판 1쇄 2025년 2월 20일

지은이   김태선
펴낸이   한성주
펴낸곳   ㈜두드림미디어
책임편집   이향선
디자인   얼앤똘비악(earl_tolbiac@naver.com)

㈜두드림미디어
등록   2015년 3월 25일(제2022-000009호)
주소   서울시 강서구 공항대로 219, 620호, 621호
전화   02)333-3577
팩스   02)6455-3477
이메일   dodreamedia@naver.com(원고 투고 및 출판 관련 문의)
카페   https://cafe.naver.com/dodreamedia

ISBN 979-11-94223-51-1 (03320)